INSTAGRAM MARKETING

LO QUE LOS PRINCIPALES INFLUENCERS Y MARCAS SABEN QUE TU NO SOBRE LA RED SOCIAL MÁS POPULAR

Escrito por Mark Hollister
&
Susan Smith

INSTAGRAM MARKETING

© Copyright 2019 Escrito por Mark Hollister & Susan Smith – Todos los derechos reservados.

El contenido en este libro no puede ser reproducido, duplicado o transmitido sin un permiso directo escrito por el autor o la editorial

Bajo ninguna circunstancia se culpará o se responsabilizará legalmente a la editorial, o el autor, por cualquier daño, reparación o pérdida monetaria debido a la información contenida dentro de este libro. Ya sea directamente o indirectamente.

Aviso Legal:

Este libro está protegido por derechos de autor. Este libro es solo para uso personal. No puede modificar, distribuir, vender, usar, citar o parafrasear ninguna parte o el contenido de este libro, sin el consentimiento del autor o editorial.

Mark Hollister & Susan Smith

Aclaración:

Por favor tenga en cuenta que la información contenida dentro de este documento es solamente por propósitos educacionales y de entretenimiento. Todo el esfuerzo ha sido realizado para presentar información completa precisa, actualizada y confiable. Ninguna garantía de ningún tipo está declarada o implicada. Los lectores reconocen que el autor no provee asesoramiento legal, financiero, médico o profesional. El contenido dentro de este libro ha sido derivado de varias fuentes. Por favor consulte a un profesional licenciado antes de intentar cualquier técnica descrita en este libro.

Al leer este documento, el lector acepta que bajo ninguna circunstancia el autor es responsable de cualquier perdida, directa o indirecta, en que se incurra como resultado del uso de información contenida dentro de este documento, incluyendo, pero no limitado a, — errores, omisiones, o inexactitudes.

INSTAGRAM MARKETING
TABLA DE CONTENIDO

Capítulo 1: Aspectos Básicos y Conociendo Instagram 12

    Introducción 12

    Qué hacer cuando empiezas en Instagram . 14

    Consejos simples sobre Instagram para principiantes 20

Capítulo 2: Construyendo un buen perfil de Instagram 27

    Cómo crear el nombre de Instagram perfecto 27

    La imagen de alto impacto - El logotipo 32

    Contenidos de una gran biografía de Instagram 42

    Cómo escribir una biografía de Instagram que cause impresión 49

Capítulo 3: Cómo crecer en Instagram 59

    Encontrar tu nicho de Instagram 59

Espiando las páginas de autoridad en tu nicho 64

Capítulo 4: Contenido para Instagram 72

Cómo crear imágenes y contenido atractivo de excelente calidad 72

La importancia de ser transparente en las redes sociales 77

Usa las historias para conectarte más con tus seguidores 82

Cómo usar las historias para ampliar tu base de seguidores 86

Capítulo 5: Cultivando tu número de seguidores 92

Cómo cronometrar las publicaciones y shoutouts de Instagram para obtener más participación y seguidores 92

Cómo conseguir que los famosos Instagrammers te promocionen tu página y/o productos 94

Estrategias avanzadas para aumentar el compromiso, generar ventas y volverse virales 98

El arma secreta... Los Videos 101

Cómo escribir títulos en posts que hagan que tus seguidores hagan lo que quieres 105

Capítulo 6: Convertir seguidores en compradores 109

Cómo crear enlaces que produzcan clics ... 109

Beneficios de usar los enlaces en Instagram 111

Cómo crear productos digitales para vender en Instagram 112

Vender Productos Físicos y Digitales en Instagram 115

Capítulo 7: Convertir Seguidores en Clientes a través de un Embudo de Ventas de Instagram 120

Anuncios de Instagram 121

Convierte tu biografía en un llamado a la acción 121

Uso de contenido generado por el usuario 122

Unir fuerzas con influencers 123

Enlace en la historia 124

Automatización de Instagram 125

Capítulo 8: El Camino para Hacer 10 mil Seguidores en un Mes 131

Cómo obtener más de 10 mil seguidores en un mes...131

Capítulo 9: Principios y mitos de las Redes Sociales...151

Principios de las redes sociales 151

No es solo un trozo de la tarta del marketing 160

Los llamados expertos en redes sociales ... 160

Algunas cosas nunca cambian....................161

Las redes sociales no solo están restringidas a Facebook o Instagram 162

Crear y mantener relaciones 163

No te dejes llevar por las redes sociales 164

No todo es sobre el retorno de la relación. 165

Se trata de ser sociable 165

Mitos de las redes sociales........................ 166

Las redes sociales son una herramienta de ventas 174

Necesito usar Facebook, porque todos lo hacen 175

La audiencia entrara automáticamente 176

Publicar el mismo contenido en múltiples plataformas 177

Publicar en cualquier momento del día 179

Publica tantas veces como quieras en las redes sociales. 179

Comparte fotos que encuentres 181

Usa la voz corporativa si públicas como una marca 182

El éxito depende únicamente del número de seguidores 182

Puedes usar las redes sociales para reemplazar tu sitio web............................. 183

Capítulo Bonus: "Publicidad en Facebook".. 186

Capítulo Cinco: Publicidad en Facebook .. 186

Creando y optimizando anuncios 188

Capitulo Bonus 206

Capítulo Diez: Publicando Contenido de Calidad 206

Evalúa Todo 206

Asegúrate de Publicar En el Momento Adecuado 206

Establece Tus Conexiones 207

Apuesta Por lo Visual 208

Haz Que Cada Una De Tus Plataformas Sean Únicas 208

Haz Que Seguirte Valga La Pena Para Las Personas 209

Sé Una Persona "Realista" 209

Planifica Anuncios Por Secuencia 210

Usa Power Editor Para Crear Anuncios Por Secuencia 213

Ten un Manager de Redes Sociales 215

Si No Funciona, Deshazte De Él 216

Establece Relaciones Con Empresas 216

Enfrenta a los Trolls 217

No Lo Uses Para Presionar Demasiado 218

Siempre Ten Un Objetivo Claro 218

Creando Un Lado Humano 220

Publicar Regularmente 220

Incentivando los Comentarios................... 221

Usa Imágenes y Videos 221

Alimentando la Relación 223

No Olvides Usar Facebook Insights 223

El Patrón de Participación De Tus Seguidores 224

Los Tags son Importantes 224

No te Olvides de Las Personas Que Comentan 225

Asegúrate De Que El Perfil De Tu Empresa Está Completo..225

Haz Que Tus Seguidores Quieran Ver Tus Actualizaciones 225

Si Compartes Algo, Coméntalo 226

Revisa tu Gramática y Ortografía 226

Nunca Publiques En La Hora Exacta 227

Conoce las Directrices De La Plataforma .. 227

Asegúrate De Que Tu Perfil Incluye Tu Ubicación 228

Conclusión 230

Recursos 232

Sitios web y aplicaciones para las mejores herramientas de Instagram 232

Capítulo 1: Aspectos Básicos y Conociendo Instagram

Introducción

En el siglo 21, las redes sociales se han convertido en una tendencia en la industria de la comunicación con varias plataformas creadas. Instagram es una de las plataformas de redes sociales líderes en los últimos años. En realidad, ha ganado popularidad rápidamente debido a la obsesión de todos con la fotografía móvil.

Entonces, qué es exactamente Instagram? Es una aplicación de red social creada para compartir fotos y videos desde un teléfono inteligente. Al igual que otras aplicaciones de redes de renombre, cualquier persona que cree una cuenta de Instagram tiene un perfil y una fuente de noticias. Idealmente, cuando publicas una foto o un video en Instagram, se muestra en el perfil. Otros usuarios de Instagram que te sigan verán la nueva publicación en su propio feed. De manera similar, puedes ver las publicaciones de otros usuarios que estás siguiendo en tu feed.

Además de usar Instagram para publicar fotos y videos, una serie de personas influyentes y grandes marcas están usando la plataforma para impactar en su estrategia de marketing. Se ha descubierto que Instagram es una de las mejores plataformas que uno puede usar para llegar a nuevas audiencias. De hecho, es un canal de alto desempeño para la acción social. La publicidad a través de Instagram se ha denominado como Marketing de Instagram. Este modo de marketing en redes sociales está en aumento y muchas empresas lo han adoptado para una estrategia más exitosa.

Una gran razón por la que el Marketing de Instagram es tan efectivo es que elimina las barreras de la publicidad tradicional y presenta Tu marca a una nueva audiencia. Esto se puede hacer a través de una fuente más confiable, preferiblemente, tu socio influencer o un experto contratado en marketing en redes sociales.

El contenido de este libro electrónico tiene como objetivo ilustrar más sobre el marketing de Instagram. Además, se explicará en profundidad lo que los principales influencers y marcas saben que no conoce el resto sobre la red social más popular.

Qué hacer cuando empiezas en Instagram

Es posible que haya escuchado todas las razones por las que Instagram es una excelente herramienta de marketing para empresas. Tal vez, lo estés usando para uso personal. Aun así, es posible que no tenga ninguna idea sobre el uso de Instagram con fines comerciales, especialmente para la comercialización de sus productos o servicios. A continuación se muestran los simples pasos para comenzar a usar Instagram.

Descargar la aplicación

Instagram es principalmente una plataforma móvil y se puede descargar e instalar en cualquier dispositivo móvil. Además, también se puede acceder a través de la versión web. Puede ver la versión web una vez que hayas configurado tu cuenta. Es imprescindible tener en cuenta que la mayoría de tu actividad se llevará a cabo dentro de la aplicación móvil.

Elige un nombre de usuario que destaque

Después de registrarse en Instagram con una dirección de correo electrónico o una cuenta personal de Facebook, se le pedirá que elija un nombre de usuario. Idealmente, es prudente seleccionar un nombre de usuario reconocible que pueda asociarse fácilmente con el nombre de la organización. Recuerde que su nombre de usuario se mostrará públicamente, y es lo que las personas ven cuando lo encuentran en Instagram. Al configurar una cuenta comercial, ingrese el nombre completo de la empresa, lo que facilitará que las personas lo encuentren a través de la función de búsqueda.

Actualiza tu perfil

Instagram te permite completar una biografía de tu negocio o de ti mismo para una cuenta personal. Debido a la limitación de texto, debes crear una descripción clara y precisa sobre quién eres tú y qué ofreces. En caso de estar limitado a un área determinada, no dudes en agregar tu ubicación. También es importante agregar el sitio web de negocios que los usuarios pueden visitar para obtener más información.

Subir una imagen de perfil

Es crucial agregar una foto que sea reconocible para las personas que conocen su negocio, así como para los clientes potenciales. En la mayoría de los casos, la opción más viable y apropiada es el logotipo de tu empresa. Un logotipo es una opción perfecta porque la mayoría de las personas pueden asociar fácilmente el logotipo con tu negocio. Solo puedes actualizar tu foto de perfil a través de un dispositivo móvil. Por lo tanto, puedes pasarte el logo a tu dispositivo móvil o usar la función de importación, que te permite agarrar imágenes desde Facebook y Twitter. Alternativamente, puedes tomar una nueva foto con la aplicación.

Publica tu primera foto

Ahora que tu perfil está configurado, puedes continuar y tomar tu primera foto. Como se mencionó anteriormente, puedes tomar una nueva foto, importar desde Facebook o Twitter o cargar desde los archivos en tu dispositivo móvil. Si estás cargando una imagen, tendrás la oportunidad de recortarla al tamaño deseado. A partir de entonces, tendrás varias opciones para diferentes mejoras, incluidos los filtros y la adición de bordes. Durante la carga, puedes etiquetar a las personas desde tu ubicación actual.

INSTAGRAM MARKETING
Diles a otros usuarios que estás en Instagram

Usa tus redes sociales ya existentes para que la gente sepa que tu negocio ahora está en Instagram. Esto es muy importante porque de lo contrario las personas seguirán su vida sin saber de tu presencia en Instagram. Debes informar a tus clientes existentes que pueden ver comunicarse a través de Instagram. Si tienes una lista de correo electrónico con tus clientes, sería bueno enviarles una notificación y solicitar que te sigan para una mejor comunicación.

Empezar a seguir a otros

Busca a tus clientes y comienza a seguirlos. Para una cuenta personal, puedes pedir a tus amigos que te den sus nombres de usuario para que puedas seguirlos. Además, puedes buscar personas y empresas utilizando su hashtag, el cual te pueden dar de antemano. Seguir a más personas y empresas es una excelente manera de hacer nuevas conexiones e inspirar.

vuélvete social y publica más fotos

Después de haber aprendido lo básico, configurar tu cuenta, seguir personas y empresas, ahora es el momento de comenzar a construir una presencia en Instagram. Esto solo puede hacerse relacionándose con las personas que lo siguen. Sube imágenes regularmente y responde a las etiquetas de otros. Evita pasar mucho tiempo sin publicar una nueva imagen, ya que tu cuenta perderá su atractivo.

Después de seguir los pasos anteriores, podrás comenzar a usar Instagram fácilmente. Aun así, debe realizar una investigación para asegurarte de que estás publicando las imágenes correctas para tu nicho específico. Sin lugar a dudas, seria auto-perjudicial publicar fotos que no coincidan con tu nicho. Esto se verá como una pérdida del enfoque, además de parecer que no tiene conocimiento de lo que realmente está haciendo como negocio. Puedes encontrar un negocio en su nicho y evaluar lo que publican y cuándo publican. Incluso si deseas ser único y diferenciar tu negocio de la competencia, es esencial saber qué están haciendo tus competidores. Esto te ayudará a obtener las imágenes correctas y también te ayudará a mantenerte enfocado en tu nicho.

Consejos simples sobre Instagram para principiantes

Después de comenzar con Instagram, necesitas saber algunos sis y nos de lo que puedes hacer que te harán más competitivo. No olvides que deseas hacer crecer tu negocio utilizando el marketing integral y, por lo tanto, comprender lo que se te exige que hagas será de suma importancia. A continuación, encontrarás una lista de consejos simples para ayudar a los principiantes a obtener lo mejor de Instagram como plataforma de marketing.

Mark Hollister & Susan Smith

Usa Hashtags con moderación

El uso de hashtags es una excelente manera de aumentar tu alcance en Instagram, promover un mayor compromiso con los seguidores existentes e incluso atraer nuevos seguidores. Sin embargo, algunas personas lo toman demasiado lejos al inflar sus títulos con hashtags que pueden no ser relevantes para el tema de la foto. Cuando utilices hashtags, asegúrate de mantenerlo al mínimo y solo usa palabras clave y títulos que sean relevantes para tu foto.

Post Intersectar fotos y videos

Al utilizar Instagram con fines de marketing, debes interesarte en proporcionar valor para tus seguidores. Puedes hacer esto evocando sentimientos con las fotos y los videos que publicas. Las publicaciones que despierten la felicidad, el humor, la motivación, la nostalgia, el amor o cualquier otro sentimiento contribuirán en gran medida a atraer al público. Asegúrate de publicar solo fotos de alta calidad con muchos colores, ya que tienden a obtener la mayor reacción en Instagram.

No te excedas con los filtros en las fotos

Cabe destacar que Instagram proporciona a los usuarios una serie de filtros que se pueden aplicar a las fotos para mejorar automáticamente el aspecto y el estilo. Aunque los efectos de los filtros pueden ser tentadores, es aconsejable limitar su uso y mantener el color y el contraste normales en la mayoría de las fotos. Aun así, evita excederte. En realidad, puedes incluso evitarlo por completo si tomas la foto con una cámara HD. Siempre recuerde que las personas se entretienen con fotos y videos que son coloridos y de apariencia natural.

Haz publicaciones a menudo y hazlas interesantes

Mantener a tus seguidores interesados y comprometidos requiere que crees contenido nuevo de forma regular. Eso no significa que debas publicar 10 fotos en un día. Preferiblemente, sería mejor ser frecuente y publicar contenido nuevo al menos una vez cada dos días. Además, hacer el contenido más interesante. Evita pasar largos periodos de tiempo sin publicar, no sea que comiences a perder seguidores.

Interactúa con tus seguidores

Tómate el tiempo para interactuar con tus seguidores, así como para comentar sobre sus respuestas. Nunca ignores a los seguidores que regularmente les gustan y comentan en tus publicaciones. En su lugar, toma en cuenta que tienes seguidores y valóralos. La mejor forma es responder a sus comentarios. Además, puedes ver su cuenta y ver algunas de sus fotos.

No compres seguidores

Hoy en día, puedes comprar seguidores en Instagram, de la misma manera que puedes impulsar una publicación en Facebook. Aunque es cierto que puedes obtener una gran cantidad de seguidores a bajo precio, no es la mejor manera de hacerlo. El problema con la compra de seguidores de Instagram es que son falsos e inactivos. Esto significa que no son personas reales y que no puedes involucrarte con ellos. Parece extraño y extraño ver una cuenta con 15,000 seguidores pero no hay comentarios ni me gusta en sus fotos y videos. En su lugar, formula un plan para obtener seguidores de forma natural.

Ten cuenta las últimas tendencias de Instagram

Está atento a las cosas nuevas en el momento en que se presentan. Evidentemente, los hashtags y las menciones son geniales, pero estos dos eventualmente se volverán obsoletos. Esto hace que sea importante prestar

atención a las últimas tendencias, especialmente cuando utilizas Instagram para marketing. Evita quedarte atrás y arriesgarte a perder seguidores valiosos porque desconoces las últimas tendencias.

Ponte en contacto con usuarios específicos a través de Instagram Direct

Incluso mientras te enfocas en actualizar frecuentemente el Instagram, asegúrate de contactar a algunos de tus seguidores directamente. No podemos negar que las publicaciones públicas lleguen a la mayoría de tus seguidores, pero es importante apuntar a algunos de tus seguidores enviándoles mensajes privados con la foto o el video deseado. Instagram Direct es la mejor manera de ponerse en contacto con un grupo específico de usuarios sin la necesidad de transmitir el contenido a todos.

Encuentra nuevo contenido usando la pestaña Explorar

Básicamente, la pestaña de exploración en Instagram es un segmento donde se muestran las fotos y videos más populares. Las fotos incluidas en este segmento se personalizan de acuerdo con las fotos y los videos que le gustaron y comentaron a las personas que sigues. De hecho, puedes aprovechar la oportunidad y encontrar nuevos usuarios a los que seguir o solo consultar la pestaña regularmente.

Con los consejos anteriores, seguramente harás el mejor marketing. No hay nada mejor que saber qué se requiere solo de ti mismo, especialmente cuando se trata de usar Instagram con fines personales o de marketing.

Capítulo 2: Construyendo un buen perfil de Instagram

Cómo crear el nombre de Instagram perfecto

Elegir el nombre de Instagram perfecto es crucial. Tu nombre debe ser simple y, preferiblemente, similar al nombre del dominio de tu sitio web comercial. La gente necesita conseguirte de manera simple y directa. Esto implica que tu nombre debe ser reconocible y aparecer de inmediato durante una búsqueda. Cuando pienses en que nombre de usuario debes poner, hazlo de una manera que inspire una idea inteligente sobre tu nicho para tus seguidores. Recuerda que no es una marca o una celebridad mundialmente famosa que puede obtener seguidores fácilmente a los pocos minutos de lanzar un nuevo canal.

Ciertamente tiene sentido encontrar el mejor nombre de Instagram para no sé de esas personas o empresas que fallaron en crecer en Instagram incluso antes de comenzar. Principalmente, esto puede ser causado por personas que se sienten decepcionadas o confundidas cuando ven contenido que no coincide con su nombre.

En resumen, no te apresures a elegir un nombre de Instagram. En su lugar, tómate un tiempo, consulta e investiga los mejores nombres de tu nicho antes de decidirte por un nombre. Puedes preguntarles a tus amigos, familiares o cualquier otra persona en la que confíes cómo suena el nombre de tu elección y si es el más adecuado para ser un nombre de Instagram perfecto. De hecho, puedes usar otra técnica para saber si tienes un nombre perfecto. Simplemente di tu nombre de Instagram y nota su primera reacción después de escucharlo. De esta manera, obtendrás comentarios honestos y naturales sobre tu elección.

Incluso cuando puedes hacer todo esto, a continuación hay un par de cosas que debes tener en cuenta al crear tu nombre de Instagram.

Hazlo fácil de pronunciar

Un buen nombre de Instagram debe ser fácil de pronunciar. A las personas les resultará fácil repetir el nombre sin tener que escribirlo necesariamente. Preferiblemente, hazlo similar a el nombre de tu marca el cual ya puede ser conocido por algunas personas. Ninguna parte de tu nombre debe ser confusa.

Deja que sea único

Es obvio que no puedes usar un nombre de usuario que ya haya sido tomado por otro usuario. Debes crear tu nombre único para evitar similitudes con cualquier otro negocio o marca. En cualquier caso, copiar un nombre de usuario o aplicar un ligero cambio puede morderte de vuelta con problemas de infracción de derechos de autor, especialmente cuando tu página comience a crecer.

Utilizar puntos y guiones bajos

Crear un nombre único para tu cuenta puede requerir el uso de puntos y guiones bajos. Al principio, es posible que desees evitarlos por completo, pero puede que esto no sea realista. Sin embargo, evita usar dos o más puntos o guiones bajos uno al lado del otro. Esto se debe a que dificulta que las personas lo encuentren fácilmente. Por ejemplo, los motores de búsqueda tratarán a King_Klugger.Kugger como tres palabras diferentes, lo que dificultará el descubrimiento de tu cuenta.

No lo hagas demasiado largo

Un buen nombre de Instagram no debe ser largo, ya sea para una cuenta personal o de negocios. El uso de tal nombre anulará el punto crucial mencionado anteriormente; ¡Hazlo fácil de pronunciar! Mira lo que las otras páginas famosas tienen como nombre y aprende. La concisión y la claridad son claves para un nombre perfecto de Instagram porque los nombres más cortos son más fáciles de buscar y proporcionan exclusividad.

Evita los nombres de género, étnicos o religiosos

Cuando utilices Instagram con fines de marketing, no descartes el hecho de que estás tratando con personas de diferentes géneros, razas, etnias, religión, entre otros. En referencia a esto, tu nombre no debe reflejar ninguno de estos factores polémicos si deseas tener éxito en Instagram. Por otro lado, puedes publicar contenido en función de tu nicho. Por ejemplo, si tratas con productos de belleza para mujeres, no se convertirá en un problema cuando solo publiques contenido basado en mujeres. En resumen, hay que respetar la diversidad de tus seguidores en términos de todos estos factores naturales.

Evitar nombres comunes

Al hacer tu nombre de Instagram, evita palabras comunes como éxito, multimillonario, negocios, etc. simplemente busque un nombre único que no incluya estos nombres comunes. Ten en cuenta que te enfrentarás a las cuentas de Instagram que dominan tu nicho. Te enfrentarás a una fuerte subida cuesta arriba cuando no destacas como alguien único.

Después de haber aprendido los consejos para crear un nombre de Instagram perfecto, no dudes en convertirlos en el mejor nombre que puedas crear. Créame esto contará con lo que se trata de ganar más seguidores, visibilidad y mejora general en los esfuerzos de marketing de Instagram.

La imagen de alto impacto - El logotipo

Es posible que ya hayas escrito y ejecutado una campaña de marketing en redes sociales para tu empresa, excepto por una cosa. No tienes un logo diseñado. Un logotipo es tu marca y es fundamental en cualquier estrategia de marketing. Si tiene un logotipo, las personas siempre asociarán tu negocio con ese logotipo cada vez que lo vean. Esto implica que un logotipo es una parte importante de la marca, especialmente si realmente deseas sacar el máximo partido de las redes sociales y comercializar adecuadamente tu negocio en línea.

En particular, un logotipo otorga reconocimiento de la marca a clientes potenciales y existentes. Además, le da exposición de la marca a tu público objetivo. Cuando alguien dentro de tu público objetivo vea tu logotipo en línea, se verá obligado a aprender más sobre lo que haces profesionalmente y lo que ofreces como negocio.

Entonces, exactamente dónde encaja tu logotipo en el marketing de redes sociales? Aunque un logotipo es pequeño en tamaño, es un componente extremadamente importante que contribuye al éxito de cualquier campaña de medios sociales. Como vendedor o influencer, es imperativo que los clientes existentes y potenciales vean tu logotipo a diario. Puedes incrustarlo en tus fotos, tal vez en un rincón. Alternativamente, puedes agregarlo como marca de agua en las publicaciones publicadas en cualquiera de tus plataformas de redes sociales. De esta manera, tus clientes formarán una percepción de tu empresa que permanecerá con ellos para siempre. El logotipo juega un papel muy importante en tu campaña de marketing de varias maneras, como se describe a continuación.

Promociona tu negocio

Las personas podrían no saber cómo un logotipo puede vender un negocio al público. Bueno, lo que pasa es que esta es una imagen importante que tiene una tendencia a quedarse en la mente de la mayoría de las personas. Normalmente, el diseño de tu logotipo habla por sí solo cuando se trata de promover tu negocio. No necesitas decir una palabra después de mostrarle a alguien el logotipo de tu empresa. Un buen logotipo dirá mucho sobre lo que representas y lo que ofreces, sin pronunciar necesariamente palabra alguna. Por ejemplo, no es necesario que se te diga qué significa un logotipo con forma de check (visto) en tus zapatos, gorra o equipo de entrenamiento. El logo te dice todo sobre el fabricante, ¿verdad?

Proporciona una identidad

El contenido puede no ser suficiente para hacer correr la voz. Solo fallarás si publicas contenido sin un verdadero sentido de identidad con respecto a tu marca en forma de logotipo. De hecho, terminarás como todos los otros emprendedores de marketing en Internet que crean y publican un gran volumen de contenido con la esperanza de generar mucho tráfico a su sitio web. Este enfoque de publicar una serie de publicaciones puede producir algunos resultados. Sin embargo, tu logotipo comunicará en gran medida quién eres tú y de qué se trata tu negocio. En muchos casos, el logotipo atraerá a las personas tanto que están lo suficientemente fascinados como para querer saber más sobre sus productos y servicios.

Demuestra profesionalidad

Incluir un logotipo en cada publicación de Marketing de Instagram mostrará un alto sentido de profesionalidad. Tus clientes se sentirán cómodos haciendo negocios contigo. Además, si tiene un diseño interesante, atractivo y de buena calidad, este resaltara en todo lo que compartas con tu público. Con el tiempo, notarás que el logotipo puede ser suficiente para que la audiencia quiera establecer una relación contigo. Si les gusta tu logotipo, les gustará tu creatividad y la forma en que te comunicas. Lo más importante es que les encantará lo que estás vendiendo y comprando.

Un logotipo enfoca quién y qué eres

Al comenzar a publicar y compartir contenido, es esencial colocar tu logotipo en tu contenido con un enlace hacia tu sitio web. A su vez, tus seguidores comenzarán a visitar tu sitio a menudo. Aquí es donde comenzarás a obtener los beneficios del contenido que estás compartiendo y distribuyendo. Por lo tanto, comienza a creer en tu credibilidad. Ten en cuenta que cuando las personas confían en tu credibilidad y experiencia, querrán estar involucrados contigo y tu negocio. En el Marketing de Instagram, este es tu objetivo final.

Aunque un logotipo ofrece todos los beneficios establecidos, hay varias cosas que debe tener en cuenta antes de crear el logo final para cualquier campaña de marketing.

- Debe realizar una investigación exhaustiva antes de crear tu logotipo. Normalmente, el logotipo debe ser sinónimo perfecto de tu marca y con colores temáticos. Debes hacer que el logo y la marca sean lo mismo.

- Selecciona un nombre efectivo, que sea único y memorable. Si tu logotipo incluye abreviaturas/letras, asegúrate de que sea fácil de seguir. Simplemente hazlo fácil de pronunciar y sin complicaciones.

- Quieres que tu logotipo sea agradable a la vista de todos en la audiencia. En total, hazlo simple y fácil de identificar.

- En el caso de que no estés seguro de si tu logotipo será efectivo y atrayente, una forma efectiva de recopilar información es a través de grupos de enfoque. La forma más fácil de hacer esto es formar un grupo e invitar a personas cuyas opiniones y juicio valoras. Tómate el tiempo para evaluar sus comentarios e implementar las opciones más viables.

a considerar cuando se crea el logo perfecto

Hay una serie de aspectos que se relacionan con el diseño de un logotipo, como las fuentes, el eslogan, los colores y más. Al diseñar lo que puede parecer un logotipo aprobado por las redes sociales, debes tener en cuenta las variables. Además, tener en cuenta que incluso si terminas con un logotipo perfecto, es posible que no necesariamente funcione en todas las redes sociales. Estos consejos te ayudarán a crear un logotipo que te dará una presencia atractiva en línea.

- Ten en cuenta la relación de aspecto. Algunos sitios de redes sociales pedirán que conviertas tu logotipo en un cuadrado o que reduzcas las medidas a una miniatura casi cuadrada. Aun así, tu logotipo no tiene que ser perfectamente cuadrado, sino que debe tener la flexibilidad de convertirse fácilmente en uno. Al publicar tu logotipo, no es necesario hacer uso de todo el espacio, solo debes evitar comprimirlo o reducirlo para que quepa en el espacio pequeño.

- Se consistente con todas las plataformas de redes sociales. Con una estrategia de redes sociales efectiva, tu logotipo se verá en una variedad de sitios, incluyendo tu sitio web, Twitter, Facebook, tu canal de YouTube, por mencionar algunos. Debido a esto, es aconsejable tener un solo logotipo para todos los sitios. La consistencia de la imagen de tu logotipo será recordable para tu audiencia y lo reconocerán y vincularán fácilmente a tu negocio.

- Utiliza texto y gráficos separados al diseñar. Asegúrate de que tu texto y gráficos sean componentes separados de tu logotipo. Esto ayudará si alguna vez quieres convertir tu logotipo a un tamaño diferente. Algunas compañías usan un solo gráfico o una sola letra en las redes sociales para facilitar la conversión y el uso general.

- Si tiene un logotipo confuso, debes saber que la simplicidad importa. Además, puedes correr el riesgo de que algunos de los elementos del logotipo no sean reconocibles cuando se redimensione. Por este motivo, evita líneas largas, líneas finas y gráficos detallados al diseñar tu logotipo. En general, limitar colores y matices. La verdad es que un logotipo que se cree con dos o tres colores funcionará mejor en las redes sociales porque se destaca y es visible desde lejos. Si no tiene idea de cómo hacer un logotipo de acuerdo con estas pautas, contrate a un experto en estos.

En pocas palabras, tu logotipo es extremadamente importante cuando se trata del éxito general de tu campaña de marketing en redes sociales. Te identifica a ti, al negocio y a lo que estás vendiendo. Esto obliga a las personas a querer convertirse en clientes leales a tu marca. Seguramente, hay muchos componentes que conforman una exitosa campaña de marketing en redes sociales, y aunque el logotipo es físicamente una pequeña parte, tiene un impacto significativo .

Contenidos de una gran biografía de Instagram

Es prudente comprender los componentes que conforman una biografía de Instagram. Una vez hecho esto, puedes agregar más detalles y pulir tus cuentas para asegurarte de que los usuarios entiendan exactamente de qué se trata y qué deberían esperar cuando te siguen. Los problemas que puede tener al hacer tu biografía es el poco espacio que tienes. La sección de Instagram en la que se supone que debes hacer tu biografía solo permite 150 caracteres. Además, tu nombre de usuario debe contener menos de 30 caracteres. Con más de 800 millones de usuarios en la aplicación, debes poner lo mejor que puedas para ser descubierto y seguido y realizar actividades de marketing e influencia efectivas. Entonces, cuáles son exactamente los componentes de una biografía de Instagram en una cuenta empresarial? A continuación, se muestran los componentes claves de una biografía que pueden tener un impacto negativo en el Marketing de Instagram si no se crean de la manera correcta.

Una foto de perfil

Lo ideal es que la página de perfil incluya una foto de perfil que sea relevante para tu negocio o marca. La foto puede ser un logotipo o una foto del producto. Independientemente de lo que elijas como foto de perfil, debe ser atractivo y fácil de asociar con tu negocio. En particular, a algunas compañías, celebridades e influencers les resulta sensato utilizar una insignia verificada en su foto de perfil para identificarse.

Es importante tener en cuenta que Instagram corta la foto del perfil a la forma de un círculo. Esto implica que tu foto de perfil permanecerá visible y con la claridad adecuada incluso después de recortarla. No debes preocuparte si subes una foto cuadrada mientras el logotipo de tu marca este en el centro. Después de todo, las esquinas se cortarán sin cortar el diseño.

Nombre de usuario y nombre

El nombre de usuario aparece en la parte superior de la página del perfil, mientras que tu nombre estará en un lugar más prominente y en negrita en el perfil. Tanto el nombre de usuario como el nombre se pueden buscar en el campo de búsqueda de Instagram. Por lo tanto, como se mencionó anteriormente, selecciona cuidadosamente tu nombre de usuario y nombre. Si tienes un nombre comercial simple y corto, los resultados de la búsqueda deberían mostrar tu perfil de inmediato. Después de la búsqueda, el nombre aparecerá en gris debajo del identificador del perfil.

Perfil público

Como vendedor o influencer, te harás daño a ti mismo si tu perfil no es público. En el caso de que tu perfil sea privado, cualquier persona que visite tu perfil no podrá ver tus fotos. Esto los disuadirá de seguirte. Para evitar todo esto, asegúrate de que tu perfil sea público yendo a configuración y luego a la configuración de "Cuenta Privada" y desactivarla. Por lo general, si tienes un perfil de negocios en Instagram, este es automáticamente público.

Bio

Aquí debes crear una breve descripción resumida sobre ti o tu negocio. La mayoría de las empresas utilizan este espacio para proporcionar una lista de los productos o servicios que ofrecen, su ubicación, sitio web y dirección física. Mantenlo corto y directo al punto ya que solo puedes escribir 150 caracteres.

Sitio web

En la biografía, puedes incluir tu sitio web para hacer que tu negocio sea más visible, así como animar a más personas a visitar el sitio web de negocios para obtener más información. En este campo, asegúrate de agregar un enlace a tu sitio web.

Categoría

Esta función solo está disponible para una cuenta comercial. La categoría que aparece bajo el nombre de una empresa está directamente vinculada a la que está seleccionada en la página de Facebook relacionada. Por ejemplo, indicar que está en el negocio de un restaurante o una figura pública es tan fácil como elegir la categoría apropiada.

Botones de llamada a la acción

Asegúrate de activar los botones de llamada a la acción completando la información necesaria que incluye una dirección de correo electrónico, número de teléfono y ubicación. Anteriormente, los usuarios de cuentas comerciales escribían sus direcciones de correo electrónico y de ubicación en la sección biografía. Esta función se ha agregado para las cuentas de negocios, configuradas para poder liberar espacio en la sección de biografía. Sin embargo, esta característica solo se muestra en la aplicación y no en el sitio web. Puedes encontrar este campo bajo la función llamada a la acción haciendo clic en Editar perfil y luego en Opciones de Contacto.

Email

Agregar una dirección de correo electrónico a la biografía genera un botón de correo electrónico en el perfil. Cuando se hace clic en el correo electrónico, se les solicitará que abran la aplicación de correo predeterminada en sus dispositivos. Esto facilitará que tus seguidores y potenciales clientes se comuniquen contigo por correo electrónico.

Direcciones

Si deseas dar tu ubicación, este es el campo donde debes ingresar tu dirección física y ayudar a los clientes a encontrarte fácilmente. Cuando los clientes hagan clic en ese botón, se les llevara a una aplicación de mapas en su dispositivo.

Llamada

La mejor y más conveniente información de contacto es agregar el número de teléfono de tu empresa. Después de todo, usar una llamada telefónica hace que la comunicación sea más personal. Cuando alguien haga clic en el botón de llamada, se le pedirá que use la aplicación de llamada predeterminada.

Recientemente, Instagram lanzó una nueva función que te permite incluir hashtags y enlaces de perfil en una biografía. Esto crea una amplia gama de posibilidades para que los vendedores utilicen hashtags. Por ejemplo, si tu marca tiene varios identificadores de Instagram para varias partes de su negocio, puede incluir un enlace a tus otros identificadores en tu biografía en lugar de hacer que tus seguidores los busquen. Esto facilita que las personas encuentren tus identificadores, especialmente cuando tus cuentas aún no están verificadas.

Una vez que comprendas cómo utilizar y completar los componentes de tu biografía, aumentará la visibilidad y la relevancia. Tu cuenta tendrá más sentido para todos tus seguidores. Después de todo, tu propósito principal en Instagram es de ser directo con ellos.

Cómo escribir una biografía de Instagram que cause impresión

Como se vio anteriormente, una biografía de Instagram les dice a los seguidores y otros usuarios sobre la naturaleza de tu negocio. Básicamente, es una breve descripción de ti mismo. Para causar sentimiento, la biografía debe ser precisa y pegadiza. Deja que las personas te sigan y quieran hacer negocios contigo. Si tu objetivo principal es el marketing e influenciar en Instagram, asegúrate de que creas una biografía fantástica. A continuación hay varios consejos que te ayudarán a crear una biografía perfecta.

Incluir un eslogan

Puedes usar un eslogan excepcional en tu biografía para hacer que esta sea provocativa y fascinante. Un eslogan te permitirá decirles a las personas exactamente lo que tu empresa hace en muy pocas palabras. Del mismo modo, también puedes usar un resumen de los valores de la compañía o agregar la misión de la misma en la biografía.

Se minimalista

Una biografía de Instagram perfecta debe ser corta y lo más simple posible. Simplemente proporciona la mínima información que un cliente específico requeriría para reconocer el objetivo básico de tu marca. Obviamente, tus visitantes pueden navegar a través de tus publicaciones de Instagram o visitar tu sitio web para obtener más información sobre tu negocio.

Enlaza tu Instagram a otras cuentas de redes sociales

Esto te permitirá ser más eficiente y mantener la biografía de la cuenta corta y al punto. Al vincular la cuenta con tus cuentas en Facebook, Twitter y Snapchat, tus seguidores podrán encontrar fácilmente tu compañía en otras plataformas de redes sociales. Esto implica que tendrás más visibilidad y mayores posibilidades de obtener una amplia clientela.

Usa un Hashtag de Marca

Una cuenta que utiliza contenido generado por un usuario para su cuenta de Instagram puede incorporar un hashtag de marca apropiado en su biografía. Nada crea una historia de marca más convincente que las imágenes de personas reales que interactúan con ella. El enfoque más sencillo para recopilar esas imágenes es incluir un hashtag de marca en tu biografía que ofrezca a los usuarios de Instagram una forma sencilla de compartir tu contenido en tu propio feed.

Ten en cuenta que los hashtags de marca no son solo para productos. Por ejemplo, algunos proveedores de servicios combinan un emoji y un hashtag de marca para configurar un feed que humaniza sus marcas y hacer que se vea más atractivo. Ten en cuenta que los hashtags que utilizas solo se pueden hacer clic en la interfaz web de Instagram y no en la aplicación móvil.

Dale Uso a Los Emojis

El uso de emojis realmente puede hacer mucho para ayudar a un usuario a transmitir la personalidad y la identidad de una empresa. Además, los emojis pueden ser usados como un reemplazo para ciertas palabras. Los emojis también hacen que las publicaciones de Instagram y las biografías se vean más emocionantes.

Aunque el uso de emojis puede parecer excesivamente atractivo, puedes considerar su incorporación en la biografía de Instagram. Desde rostros hasta animales y otros símbolos restringidos, cualquier emoji que elijas creará un sentido de personalidad de marca. Sorprendentemente, un emoji puede valer más que mil palabras y puede decir más sobre tu producto o servicios en pocas palabras. Algunas personas realmente encuentran fácil usar un emoji para comunicar brevemente lo que podría haber tomado varios minutos para componer en palabras.

Usa saltos de línea en tu Biografía de Instagram

El uso de saltos de línea en una biografía de Instagram sirve como una ilustración clara de tu experiencia en Instagram y tus características. Más aún, hace que un perfil se vea más atractivo y consumible. Los saltos de línea te permiten dividir la biografía en información que es fácil de leer para los visitantes. Por lo tanto, puedes resaltar fácilmente las cosas más importantes sobre el negocio que estás llevando a cabo en Instagram.

Incluya una llamada a la acción atrayente

Al crear una biografía perfecta, ten en cuenta que no puedes evitar poner una llamada a la acción adecuada. En realidad, sin ella la biografía estaría incompleta. La llamada a la acción debe hacerle querer a tu público objetivo el visitar tu tienda, llamarte o enviarte un correo electrónico para obtener más información. Incluir una llamada a la acción es importante en cualquier publicación de marketing de Instagram. Pregúntate qué es exactamente lo que quieres que hagan los visitantes después de ver tu perfil.

Por ejemplo, es posible que desees que a las personas les dé me gusta a tu página de Facebook, se suscriban a tu boletín informativo, soliciten tus productos directamente desde tu sitio web o realicen cualquier acción que se ajuste a tus objetivos de marketing. Además, se directo al pedirles a tus visitantes y potenciales clientes lo que buscas. No les diga que hagan algo que les impida seguirte o hacer negocios contigo. Por ejemplo, si tu objetivo es construir un grupo de seguidores en tu cuenta de Instagram, la llamada a la acción más adecuada sería simplemente pedirle al que la visite que te siga.

Incluir la Información de Contacto

Facilitar un contacto en tu biografía es esencial. Imagínate tener un seguidor que está realmente impresionado con tu negocio y que quiere ponerse en contacto contigo pero que no tenga el contacto. Esto requiere que incluyas tu información de contacto en tu biografía. Puede ser un número de teléfono o una dirección de correo electrónico. En lugar de dejar un comentario en las publicaciones, los usuarios pueden contactarte directamente.

Di Lo Que te Hace Especial

¿Qué te hace único en comparación con tus competidores? Indícalo en tu biografía y verás el impacto que tiene. En particular, los clientes desean obtener lo mejor que hay en el mercado y, de preferencia, del vendedor más exclusivo. Cuando comercialices, indica claramente lo que te hace sobresaliente.

Un buen perfil de Instagram debe describir con precisión de qué se trata el negocio y qué puede ofrecer perfectamente. Deben proporcionarse habilidades y servicios únicos para atraer a clientes potenciales no solo para que lo sigan sino también para que compren y realicen compras consecutivas en tu negocio. Incluye los datos divertidos que puedas sobre tu marca, porque es una excelente manera de mostrar la personalidad de la empresa.

Resaltar tu Horario de Trabajo

La gente quiere saber cuándo pueden visitar tu negocio. Si bien puede buscarlo en tu sitio web, agrega esta información a tu perfil de Instagram. Hace que tus seguidores estén conscientes de las horas de operación y lo visitarán a su debido tiempo . También puede incluir una aplicación de ubicación que pueda ayudarles a encontrar tu ubicación física mucho más fácil.

Con estas ideas para hacer una biografía perfecta de Instagram, estás listo para crear una que muestre impecablemente tu intención en Instagram. Además, logrará que tus visitantes les guste de manera natural, te sigan e incluso compren con solo 150 caracteres de persuasión.

Capítulo 3: Cómo crecer en Instagram

Encontrar tu nicho de Instagram

Sin lugar a dudas, Instagram está creciendo y se ha convertido en el favorito de la mayoría de los publicistas de redes sociales e influencers. Como propietario de un negocio, comercializador o influencer, tener una cuenta de Instagram orientada a nichos es esencial para conectarse con la audiencia correcta. Encontrar un nicho resultará útil para obtener un gran número de seguidores, además de tener un impacto en tu estrategia de ventas y marketing.

Al principio, algunas personas ingresan a Instagram para socializar y divertirse. De todos modos, ¡es una mejor manera de compartir algunas de tus fotos personales y quizás presumir! Además, Instagram puede utilizarse para una estrategia de marketing eficaz y fructífera. La mayoría de las personas en

Instagram no saben que pueden hacer que su negocio sea más visible. Sin embargo, esto se vuelve mejor cuando ya has identificado claramente tu nicho. La mayoría de los nichos prevalecientes son moda, salud y acondicionamiento físico, viajes y turismo y belleza. No debería ser un problema si tu negocio no cae en ninguno de estos nichos. Comienza por evaluar el nicho más apropiado para tu negocio, lo que lo hace único.

Hay un nicho en Instagram para todos, ya sea que seas un suculento productor, un blogger de comida, un amante de la naturaleza o un vendedor de viajes. Solo necesitas encontrar tu nicho y apegarte a él. Hacer esto puede no ser fácil; Tómate un tiempo deliberando la mejor opción. También requiere precisión y paciencia. Aquí les muestro cómo encontrar tu nicho de Instagram.

Descubre en qué eres bueno y qué te gusta

El primer paso para encontrar un nicho en Instagram es preguntarte qué te interesa. Más preferiblemente, debería ser algo que ames. Tal vez tienes un interés constante en la belleza. Esto implica que puedes ir por un nicho de belleza en Instagram. Es prudente tener un nicho que te apasione. Puede ser muy costoso aventurarse e invertir en un nicho que no te guste y evitar aburrirse y dejarlo a mitad de camino.

Antes de seleccionar un nicho de Instagram, tómate el tiempo para hacer una búsqueda interna. Eventualmente, aterrizarás en el mejor nicho. Aunque suene cliché, hacerlo con pasión hará que otros tomen nota, se interesen y empiecen a gustarle tu nicho único. Si te encuentras en una encrucijada con respecto al nicho correcto, puede pedir una opinión sincera de un amigo cercano, un familiar o un colega. Ellos definitivamente te dirán como perfeccionarlo.

Al principio, puedes usar diferentes estilos de fotografía tal como minimalista, saturada, blanco y negro, paisaje o retrato, y humorosa, entre otros. Esto te ayudará a tomar nota del estilo de fotografía que más le gusta a tu público. Una vez que hayas pasado la etapa inicial de encontrar lo que les gusta a tus seguidores, apégate a ellos, porque es probable que pierdas algunos seguidores que solo están interesados en tu estilo.

Encuentra un esquema del color único

Cuando se trata de un nicho de Instagram, la primera impresión siempre cuenta. La gente solo necesita medio segundo para decidir si te sigue. Por lo tanto, haz una impresión teniendo continuamente la colección de colores y la matriz correctas. Algunas personas son usuarios pasivos, especialmente durante las horas ocupadas del día. Si quieres atraerlos para que te sigan, deberás impresionarlos la primera vez que lleguen a tu perfil. Lo más probable es que las personas vean su perfil a través del pequeño formato de cuadrícula antes de que decidan seguirte.

Puedes hacer una pequeña encuesta para estudiar los colores que más gustan. Esto se puede hacer de una manera silenciosa que solo implica crear una combinación de colores y luego observar los comentarios sobre diferentes combinaciones. De esta manera podrás conocer el color que excita a la mayoría de tus seguidores.

Ser Consistente

Ser consistente es un enfoque confiable para agregar credibilidad a tu nicho. De hecho, agregar credibilidad a tu marca a través de Instagram es similar a los blogs. Requiere consistencia en la publicación de un nuevo contenido, ser creativo y tal vez informar a tus seguidores cuándo pueden esperar el siguiente post. Si pretendes construir tu nicho a través de publicaciones frecuentes, puedes hacer uso de la función de Instagram.

Incluso con esta función en tu feed, evita publicar más de una vez cada 6 horas. Además, no publicar más de tres veces al día. Si te has tomado el tiempo de estudiar la mayoría de los usuarios de Instagram detestan el spam. No pierdas seguidores por hacer contenidos aparentemente numerosos.

Independientemente del nicho que elijas, hacer branding con tu cuenta de Instagram es una excelente manera de comercializar tus productos y servicios. También puedes generar más tráfico en tu sitio web y realizar más ventas, lo que se traduce en más ingresos.

Espiando las páginas de autoridad en tu nicho

Es cierto que toda empresa se enfrenta a la competencia. De hecho, si no tienes competencia, definitivamente hay un gran problema. Simplemente, significa que ningún inversor cree en la posibilidad de ganar dinero en tu industria. Por lo tanto, tener competidores debería hacerte feliz y encontrar una razón para poner más esfuerzo en tu negocio. Esta competencia se adapta a tus estrategias de marketing, manteniendo los volúmenes de ventas entre todas las actividades comerciales. En general, la competencia es un problema importante que puede llevar a tu caída porque quita a los clientes. La adquisición de nuevos clientes puede ser difícil.

Hoy en día, una compañía sin una fuerte campaña en redes sociales y un plan de compromiso continuo con los clientes deja dinero en la mesa. Habiendo declarado que la competencia afecta todos los aspectos de un negocio, también afecta tu estrategia de marketing en Instagram. Aumentar tu número de seguidores en Instagram requiere que estés a la altura de tus competidores. Incluso sin copiar, debes estar listo para hacer exactamente o cerca de lo que están haciendo para obtener y mantener nuevos seguidores. Esto se hace espiando lo que están haciendo para lograr un gran número de seguidores.

Además, debes espiar lo que hacen las páginas de mayor autoridad para ayudarte a perfeccionar tu estrategia de Marketing de Instagram. A continuación se muestran los enfoques que puedes utilizar para espiar sitios de autoridad con un gran número de seguidores.

Usa Herramientas Especiales para Espiar

Observar los movimientos de tus competidores puede ayudarte a competir y encontrar lagunas en tu estrategia de marketing en redes sociales. Conocer lo que hacen los competidores y las grandes empresas para salir adelante es parte del juego empresarial. Actualmente, hay muchas maneras de espiar a tus competidores, así como a sitios de mayor autoridad. Sin embargo, debes saber las más fáciles para evitar perder tiempo haciendo trabajo manual. Hay software y herramientas con las que puedes trabajar para obtener toda la información sobre los movimientos de las páginas de autoridad en Instagram. Simplemente puedes automatizar esta actividad mientras te concentras en crear tu propia estrategia. Utiliza herramientas como Sprout Social, Phlanx y Social Blade, entre otras.

Rastrea a la Competencia y a las Grandes Marcas

Deberías hacer más que solo espiar a la competencia y comenzar a monitorear las marcas. Las siguientes compañías tales como la NFL, Starbucks, entre otras, con grandes páginas en Instagram, te permitirán observar lo que están haciendo. Además, también verás lo que las personas dicen sobre ellos. A su vez, esto puede ayudarte a mejorar tu estrategia de marketing y alinearte con actividades importantes y rentables.

En esta era, las personas están compartiendo cada pieza de información, incluida la experiencia que adquirieron o servicio que se les prestó desde un establecimiento comercial. Esa es la información que debes buscar en Instagram. Hacer uso de la retroalimentación positiva y negativa. Por supuesto, lo negativo te ayudará a capitalizar las debilidades de tus competidores, mientras que lo positivo servirá de base para evaluar la calidad de tus productos o servicios. En palabras sencillas, usa Instagram como la red y verás continuamente las menciones de Instagram y los comentarios que los usuarios transmiten a través de las redes sociales relacionadas con tu negocio, competidores y marcas líderes en tu industria.

Sigue a tus competidores y a grandes empresas

Puedes espiar a tus competidores al seguirlos en Instagram, y tal vez en todas las plataformas de redes sociales, para ver cómo interactúan con sus seguidores. Sin embargo, trate de no seguirlos usando el perfil de tu marca. Así definitivamente sabrán que los están espiando. Usa una pseudo cuenta o simplemente crea una con un nombre real y úsalas para seguir a los competidores y las páginas de autoridad.

¿Por qué es importante hacer un seguimiento de las actividades de tus competidores y las grandes páginas de autoridad? Principalmente, te beneficiarás de los consejos y trucos que emplean, pero que no dicen explícitamente. Además, aprenderás cómo responden a los comentarios, qué les gusta y qué comparten. El principal objetivo aquí es evaluar la rapidez con la que dan retroalimentación a las cuestiones planteadas por sus seguidores. Obviamente, las páginas de mayor autoridad como Red Bull, Adidas y otras tienen comentarios oportunos y útiles que pueden ayudarte a mejorar la forma como tratas a tus seguidores.

Busca sus Hashtags de Marca

Según los expertos en redes sociales, uno debe tener un hashtag específico para representar su marca en Instagram. Obviamente, tus competidores y páginas de autoridad utilizan hashtags de marca.

Además de la ayuda de las herramientas de espionaje, invierte algo de tiempo en tu propia investigación. Sigue las publicaciones de los competidores y las páginas de autoridad. En última instancia, aprenderás y apreciarás las diversas formas en que utilizan los hashtags. Te darás cuenta de que usan hashtags de marca. Después, busca los hashtags en Instagram para ver quién más los está utilizando e interactúa con ellos. Hay una alta tendencia a atraer a algunos a comprarte.

Para suavizar el progreso de tu trabajo, debes encontrar el hashtag utilizado por las páginas de autoridad, que es como un eslogan para el negocio y buscarlo en la plataforma. Obtén más información y está al corriente de cómo se presentan ante su audiencia y cómo las ve su audiencia.

Mark Hollister & Susan Smith

Capítulo 4: Contenido para Instagram

Cómo crear imágenes y contenido atractivo de excelente calidad

La clave para lograr el seguimiento deseado en Instagram es crear imágenes y contenidos atractivos y cautivadores. Sin embargo, el problema sigue siendo cómo se pueden crear imágenes y contenido de excelente calidad. El proceso puede tomar tiempo, necesita persistencia y compromiso. A continuación encontrarás consejos para ayudarte a crear imágenes y contenidos brillantes.

Investiga y entiende a tu audiencia

Una vez que tengas una estrategia de creación de contenido, debes tener en cuenta a la audiencia que verá, escuchará y verá el contenido. Nunca olvides que el contenido efectivo no se trata de temas sobre los que deseas hablar personalmente. En realidad, tu contenido debe hacerse abiertamente con la participación, los comentarios y la dirección de tu audiencia.

Se debe diseñar una tremenda estrategia de marketing de contenido para responder a los problemas más apremiantes que emanan de la audiencia. Apunta a educar y transformar a tu audiencia. La única forma en que el contenido se conectará con la audiencia es hacerlo de una manera que les pueda hablar directamente. Debe tener empatía y comprensión de lo que están pasando actualmente. Para saber más sobre tu audiencia, comprométalos más, observa sus preferencias e implemente tu estrategia de contenido basado en esto.

Diversifica tu contenido

La forma más fácil de crear contenido atractivo es evitar pegarse a un tipo de medio para comunicarse con los seguidores. Cambiar el contenido por publicación es una forma de diversificar. Esto implica que si estás acostumbrado a escribir blogs basados en texto, es hora de comenzar a variarlo con cosas como gráficos, imágenes, citas, videos y más. Piensa en hacer tu contenido con diferentes estilos incluyendo humor. Es saludable agregar algo de "comedia" a su contenido de vez en cuando.

Tomar mejores fotos

La idea principal detrás de la incorporación de imágenes en tu perfil es generar confianza y legitimidad sobre tu producto. Evidentemente, esto no se puede hacer cuando se usan imágenes irrelevantes. Si deseas utilizar imágenes de una cámara, a diferencia de las descargadas, es muy recomendable tener una cámara de alta calidad. Por otro lado, puedes usar tu Smartphone para tomar buenas fotos. Aunque la mayoría de las personas piensan que comparten imágenes cautivadoras en Instagram, se pierden un principio muy importante. No solo necesitas compartir imágenes de buena calidad. Deben coincidir con tu marca.

Editar las imágenes

Una vez que haya elegido la foto más destacada, edítela para un mejor efecto. Incluso sin un editor de fotos de computadora, puede usar cualquiera de las aplicaciones móviles gratuitas disponibles para mejorar la calidad de la foto. Mientras que en una computadora, el software obvio es Photoshop. Sin embargo, el software no es intuitivo y requiere algo de aprendizaje y práctica antes de saber cómo usarlo de manera efectiva. Con el software de edición de fotos, cualquier toma puede transformarse en una infografía bien definida. Cabe destacar que las infografías son la tendencia y el método más excelente de imágenes en tu contenido de redes sociales.

Centrarse en el contraste y el equilibrio

Una imagen debe tener el contraste correcto para sobresalir en un feed de Instagram. El contraste puede incluir colores, formas, fuentes, luz, exposición, escala y espacios. Debes encontrar la escala correcta que hace que la imagen se destaque. Es un paso crucial para que tus seguidores se involucren con el contenido que publicas.

Inserta frases en las fotos

En la actualidad, las fotos con citas incorporadas están en aumento y son muy populares en términos de compromiso y generación de respuesta. Puedes copiar y pegar una cita famosa e inspiradora y colocarla en la imagen correspondiente. Las buenas citas están disponibles y se pueden encontrar en línea. Es fácil entender por qué las imágenes que contienen citas son efectivas. Son inspiradores y su lectura puede hacer que tu audiencia se sienta bien.

Deja espacios en blanco y bordes en las imágenes

Dejar bordes blancos alrededor de las imágenes de Instagram puede crear un efecto extraordinario que atrae al ojo más que una imagen sin bordes. Esto es especialmente cierto si la imagen es del tamaño correcto y tiene una claridad excelente. Los bordes ayudan a garantizar que los elementos de tu diseño tengan espacio para ser visibles. Este es un aspecto importante a considerar si quiere evitar una publicación demasiado pesada.

La importancia de ser transparente en las redes sociales

La transparencia equivale a generar confianza y es un componente extremadamente importante para mantener cualquier relación. Además, la confianza se construye a través de la honestidad y el cumplimiento de las promesas. Es imperativo demostrar que valoras la transparencia incluso cuando trata con una audiencia de redes sociales, sin la cual no tendrás a nadie a quien dirigirte en tu página. Cabe destacar que ser transparente al tratar con tu audiencia de Instagram se da por sentado, sin tener en cuenta el impacto que puede tener en la efectividad general de cualquier campaña de marketing. La transparencia es una forma segura de construir una gran cantidad de seguidores en Instagram y aumentar la estrategia de marketing y la rentabilidad de la empresa. Aquí hay algunas razones por las que deberías ser transparente en Instagram.

Aumenta la lealtad del cliente

La mayoría de tus seguidores pueden convertirse en clientes los cuales requerirán la mejor atención al cliente. En las relaciones con los clientes, la transparencia contribuye en gran medida a fomentar la confianza y la lealtad del cliente. Esto puede llevar tiempo, pero con la coherencia y los esfuerzos diligentes, eventualmente te ganarás el corazón de los clientes existentes y potenciales con transparencia. No cuesta nada ser transparente. Todo lo que debes hacer es ser honesto en tu comunicación y en abordar los problemas de los clientes. En resumen, has publicaciones de Instagram con honestidad y de la mejor fe.

Impulsa la reputación empresarial.

La marca y la reputación de la empresa aumentan con una mayor transparencia. Los clientes satisfechos informarán a los demás sobre las excelentes experiencias que tienen al tratar con tu empresa. De esta manera, los clientes satisfechos harán recomendaciones sobre tu negocio incluso sin su conocimiento. Cuando dichos comentarios y discusiones se vuelven comunes, especialmente en Instagram y otras plataformas de redes sociales, tu empresa obtiene una excelente reputación. Más temprano que tarde, tu negocio será conocido por su transparencia y buenas prácticas.

Pide a tu audiencia que comente

Con transparencia, la relación entre tu negocio y tus seguidores llevará a una comunicación abierta. Los clientes estarán más dispuestos a ofrecer sus sugerencias y comentarios y ayudar a tu empresa a realizar mejoras en áreas de debilidad. Además, obtendrán una visión honesta de los productos o servicios, incluso si los comentarios se basan en críticas. Ciertamente, puedes obtener nuevas ideas de los comentarios proporcionados por tus seguidores de Instagram. Esto hará que la innovación y la creatividad sean más fáciles para tu empresa. Tenerlos en cuenta y hacer productos que se ajusten a las expectativas y preferencias de los clientes mejorará aún más la reputación de dichas empresas.

Mejorar el servicio al cliente

La transparencia es esencial en la buena práctica de relaciones con el cliente. Tener en cuenta los comentarios proporcionados por los seguidores de las redes sociales y abordarlos con prontitud puede resultar útil para mejorar el servicio al cliente. Les hace sentir que están siendo escuchados y valorados. Por lo tanto, tómate el tiempo para recopilar, analizar y actuar con respecto a los comentarios proporcionados en línea. Después de todo, tus seguidores solo actúan sobre la base de la transparencia y expresan libremente su opinión.

Aumenta la confianza del seguidor en tu negocio

Este beneficio de ser transparente casi no vale la pena mencionarlo debido a su obviedad. Los consumidores confían en las compañías que son abiertas y sinceras con ellos, incluso en las redes sociales. Con el aumento de la comunicación a través de las redes sociales, incluido Instagram, es importante gestionar la imagen empresarial. Con la transparencia y los altos niveles de confianza de los clientes y seguidores en las redes sociales, las empresas pueden gestionar los problemas mucho mejor, ya que se les da la oportunidad de redimirse. En el caso de un desafío, los clientes y los seguidores en las redes sociales no se apresurarán a saltar a conclusiones y opiniones hasta que la empresa pueda responder. Esta es una gran ventaja de la transparencia y la creación de confianza que sustenta la imagen y la reputación de una empresa.

La transparencia en las redes sociales y las relaciones generales con los clientes no es solo una tendencia en el mundo de los negocios que repentinamente se ha iniciado y morirá con el tiempo. Es un enfoque que los publicistas de redes sociales, personas influyentes y empresas deben adoptar para promover más profundamente.

Usa las historias para conectarte más con tus seguidores

Algunas personas se confunden cuando se trata de historias y publicaciones de Instagram. Sin embargo, hay una diferencia dramática entre los dos. Las historias de Instagram no son publicaciones. Las publicaciones de Instagram aparecen en el feed de un usuario y permanecerán permanentemente en la página del perfil a menos que se eliminen. Los usuarios pueden guardar publicaciones y volver a visitarlas en cualquier momento en el futuro.

Por otro lado, las historias de Instagram se encuentran por encima del feed de inicio. Se puede acceder fácilmente haciendo clic en los círculos pequeños que muestran la imagen de perfil de un usuario. Por lo general, puede comenzar al principio del feed de la historia haciendo clic en la primera burbuja o simplemente observando una específica. De cualquier forma que decidas, las historias continuarán reproduciéndose automáticamente hasta que las haya visto todas. Las historias desaparecen después de 24 horas.

Puedes usar las historias para conectarte más con tus seguidores. Puedes lograr esto publicando historias que susciten directamente sentimientos en tus seguidores. Las historias que algunos seguidores han experimentado o están experimentando en la actualidad pueden ser de mayor impacto. Además, puedes contar historias con una lección moral. De esta manera, tus historias serán más personales para tus seguidores y estos querrán leer más y más.

Entonces, ¿por qué necesitas usar las historias de Instagram?

Los profesionales de marketing e influencers demuestran diversidad y creatividad al crear diversos contenidos en las plataformas de redes sociales. Las historias de Instagram son una parte integral de permanecer relevante para tus seguidores de Instagram. Las siguientes son razones por las que debes usar las historias de Instagram.

- Las historias tienen altas tasas de participación. Según estadísticas verificadas, casi 150 millones de usuarios utilizan activamente las historias de Instagram cada mes. Las historias de

Instagram también tienen una tasa de apertura promedio 28% más alta que las de otras plataformas de redes sociales. Lo más importante es que al menos 25 de cada 100 personas que vean la historia querrán leerla. Como resultado, los usuarios están oficialmente comprometidos e interesados.

• Con las historias de Instagram, tendrás toda la atención de tus seguidores porque ocupan una pantalla móvil completa. Una publicación solo ocupará una pequeña parte de la pantalla y puede pasar desapercibida por los mismos.

• Las historias fluyen continuamente. Incluso si los usuarios pueden omitir el contenido de la marca en el feed, su contenido aparecerá en su flujo de Historias. Pueden hacer clic más allá si lo desean. Sin embargo, ya que está ocupando la pantalla completa, al menos tendrán una mirada rápida antes de hacer clic.

Con la alta disposición de los usuarios a participar, no hay duda de que las empresas deberían utilizar un formato que exija la atención del usuario. El uso de Instagram Stories en sí mismo aumenta automáticamente el alcance de tus publicaciones porque los usuarios están extremadamente comprometidos con ellas.

Cómo usar las historias para ampliar tu base de seguidores

Las historias de Instagram son una excelente manera de aumentar tus seguidores. Aun así, algunas personas no saben cómo usar esta función para obtener los seguidores deseados en Instagram. La buena noticia es que el uso de esta función se ha simplificado en este libro y los detalles sobre cómo hacerlo también se han compartido. Hay varias tácticas que pueden usarse para aumentar tus seguidores con las historias de Instagram.

Generar curiosidad

La mejor manera de usar las historias de Instagram es crear curiosidad. Solo corta la historia en su punto máximo, justo cuando el lector quiere saber qué sucedió. Dile al lector que lea tu próxima publicación. De esta manera, tienes toda la atención de tu audiencia y estarán ansiosos por seguirte en la siguiente parte de tu historia. Recuerda, si no publicas la siguiente parte de tu historia solo será una inconsistencia, lo que solo hará que pierdas tus seguidores.

Se adhieren a un tema dentro de tu nicho

Los expertos en redes sociales han sugerido continuamente que tengas un tema en tu página de Instagram. Del mismo modo, tu historia de Instagram también debe tener un tema. Cabe destacar que la parte más importante de tu historia es adherirte a tu nicho. Por ejemplo, no puede estar en un nicho de moda y explicar tu viaje a un restaurante elegante. Eso sería una desconexión total y tu audiencia notaria una desconexión total. Una cosa es cierta: adherirse a un tema te permitirá atraer a personas que comparten tu amor por ese tema en particular. Así es como crecerán tus seguidores.

Asegúrate que una historia tiene caras en ella

A la gente le gusta ver imágenes en las historias. De lo contrario, tienden a aburrirse en cuanto comienzan a leer contenido sin imágenes. Según un estudio realizado para establecer el impacto de las imágenes para alentar a los lectores, un contenido de una página con una sola imagen puede aumentar la motivación para leer en un 35 por ciento. Esto no es diferente cuando se trata de historias de Instagram. Por lo tanto, no importa cuántas historias desees publicar en tu página, asegúrate de insertar al menos una imagen relevante.

Usa Color y Contraste para tu ventaja

Las publicaciones perfectas de Instagram son más brillantes y ricas en azules, grises y verdes. Esto es a diferencia de las publicaciones sobresaturadas que son más tenues y están llenas de amarillos, rosas y naranjas. Sin embargo, es bueno saber la preferencia de color de tus seguidores. Por lo tanto, mantén tu historia luminosa y vibrante y todos los ojos estarán puestos en ti. Incluso puedes incluir una paleta de colores para que formen parte de tu tema.

Evitar los filtros

Se sabe que los filtros son perfectos cuando se trata de hacer que las fotos se vean excepcionales. La práctica más modesta es usar fotos en su forma original. Sin embargo, esto requiere el uso de una cámara de alta definición. Según los especialistas en redes sociales más experimentados, el contenido de Instagram sin filtros es el que mejor se desempeña. Si tienes una cámara de alta definición, mejor será tu imagen. No tendrás que usar la función de filtros. Por lo tanto, incluso si tienes una imagen de las últimas 24 horas que ya estaba filtrada, quédate con la original. De hecho, las historias se pueden construir utilizando lo que usted puede considerar como "tomas" de tu día. Notablemente, una historia completa puede hacer como que tu vida se ve sin filtros, un detrás de cámaras.

Ser comprometido y publicar regularmente

Como buena práctica para las redes sociales, debes publicar regularmente. Esto puede vincularse a la táctica de generar curiosidad. Una vez que crees curiosidad en tus seguidores, mantente comprometido a publicar tus historias. Debes evitar perderte en acción. Si lo haces, tu última publicación quedará enterrada en el feed de todos y la gente comenzará a olvidarse de ti lentamente. El consenso parece ser que debes crear una historia cada día. Como las historias son efímeras, intenta publicar una foto normal en la cuadrícula de tu perfil, combinada con una historia por día.

Recuerda siempre que la calidad es superior a la cantidad. Publicar 10 publicaciones irrelevantes por día solo hará que tus seguidores huyan. Si no tienes nada sensato para publicar, simplemente elimina tu deseo de ponerlo en tu Instagram. Es mejor pasar un día entero sin compartir una historia que publicar algo que, de alguna manera, pueda irritar a tus seguidores.

Capítulo 5: Cultivando tu número de seguidores

Cómo cronometrar las publicaciones y shoutouts de Instagram para obtener más participación y seguidores

Una vez que hayas creado tu página y te hayas comunicado con los seguidores en Instagram, lo siguiente obviamente es establecer una estrategia sobre cómo llegar a un público más amplio. Esencialmente, necesitas saber cómo obtener una gran base de seguidores sin ser alguien famoso más allá de la comunidad de Instagram.

Más aún, querrás saber exactamente cómo obtener más seguidores de Instagram gratis. Una de las formas más seguras es a través de los shoutouts. Si estás dispuesto a dominar esta gran tendencia de creación de seguidores, tu página se volverá muy popular en tan solo unas semanas o meses.

Básicamente, los shoutouts son una forma de publicidad de otras páginas, principalmente realizadas por páginas de autoridad e influencers. En un sentido general, un shoutout es cuando un famoso Instagrammer te menciona en su propia cuenta y luego le dice a tus seguidores o seguidores que te revisen y sigan también. Los shoutouts son una excelente manera de poner tu nombre frente a un gran número de usuarios y seguidores potenciales. Desafortunadamente, conseguir un shoutout de los influencers siempre ocupados (y caros) y los famosos Instagrammers no es tan fácil como parece. Requiere de hacer contactos y estar en continuo compromiso con estos. A veces, también implica estar dispuesto a mostrar el contenido de otros usuarios en tu propio feed como parte del acuerdo.

El tiempo es esencial cuando se trata de los shoutouts. En Instagram, necesitas una mención cuando hay una gran audiencia para que un shoutout sea efectivo. Incluso aunque no puedas dictar los términos de a quien quieras que te mencione, pídeles que creen el shoutout en un momento específico. Esto requiere que realices una investigación y entiendas cuando la mayoría de las personas están en línea y verán el mensaje. Si el momento más adecuado (cuando la mayoría de la gente usa Instagram) es después de las horas de trabajo, hazle saber a la persona que está haciendo el shoutout que este es tu momento preferido. Si a ellos no les gusta que tú seas el de las decisiones pues como sea, después de todo, una mención de esas personas en cualquier momento puede tener resultados notables.

Cómo conseguir que los famosos Instagrammers te promocionen tu página y/o productos

Hoy en día, los usuarios de redes sociales de renombre, incluidos los famosos Instagrammers, se llaman influencers. Estas personas tienen grandes seguidores en sus plataformas de redes sociales. Las personas que los siguen están generalmente dedicadas al contenido, las opiniones y las ideas de estos. Debido a la dificultad para tomar la decisión de compra correcta, algunas personas dependen de las recomendaciones de amigos y familiares. En las redes sociales, los compradores potenciales confían cada vez más en las recomendaciones de influencers de Instagram y otras estrellas de las redes sociales. Como empresa o emprendedor, puedes involucrar a famosos Instagrammers para promocionar tu página y/o productos.

Muchas personas tienen creencias extrañas cuando se trata de acercarse a una influencer por primera vez. Por ejemplo, algunos creen que los influencers se acercan a las marcas en lugar de al revés. Lo que sí es cierto es que los influencers de Instagram toman la decisión inicial, ya sea que adopten o comercialicen un producto o servicio de una marca en particular. Si les gusta el producto o el objetivo principal de una página, se acercan a la empresa y solicitan su representación. Aparentemente, promueven una marca incluso sin ninguna asociación directa.

Aun cuando esto puede suceder, las empresas se acercan a los influencers de Instagram para promocionar sus marcas. Simplemente les piden que revisen una nueva línea de productos y evalúen si pueden incorporarla o no a su estrategia de marketing. No es necesario esperar a que los influencers de Instagram se acerquen a ti, ya que puede que nunca suceda. Estas son personas que trabajan en un horario apretado y que ni siquiera pueden perder un minuto para buscar personas. Después de todo, son famosos, y la gente debería encontrarlos.

Otra forma de relacionarte con Instagrammers influyentes es conectándose a través de una Plataforma; obviamente están en todas las plataformas de redes sociales. Cabe destacar que la mayoría de los influencers de Instagram creen que la mejor manera de conectarse con las marcas es a través de una plataforma de influencia. Una plataforma ofrece un espacio neutral de terceros donde los influencers y las marcas pueden reunirse y discutir el camino a seguir. La plataforma facilita las marcas y descubre nuevos y crecientes influencers, y viceversa. La mayor parte de la plataforma está guiada por términos que gobiernan adecuadamente cómo actúan ambas partes. Esto proporciona cierta seguridad sobre cómo se llevan a cabo los negocios entre los influencers y las marcas.

Entonces, ¿cómo es que encuentras influencers? La forma más viable es buscar a través de Instagram y hashtags. Además, los influencers también se pueden encontrar a través de una plataforma de influencers, en la cual suele ser mucho más fácil.

Conectarse y relacionarse con tu base de clientes existente también puede hacerte saber a quién siguen y escuchan en las redes sociales. Por ejemplo, si una gran cantidad de tus clientes siguen a un Instagrammer de maquillaje en particular, conéctate con esa persona y utilízalo como influencer.

Es justo ofrecer incentivos para los influencers de Instagram que promocionan tu marca y/o producto. Participa educadamente con ellos antes de solicitar que te promocionen. Después de establecer una relación perfecta, puede ofrecerles contenido o solicitar que revisen los productos o servicios. En resumen, no hay escasez de enfoques para conectarse con estos para promover tu marca o producto.

Estrategias avanzadas para aumentar el compromiso, generar ventas y volverse virales

Si utilizas Instagram con fines de marketing, existe una alta probabilidad de que haya notado una disminución en la participación de Instagram. No te preocupes si no has recibido tantos "me gusta", comentarios o nuevos seguidores como solía hacerlo. En cualquier caso, no eres solo tú. Tal vez, no estás comprometiendo a tus seguidores como deberías. Aquí hay estrategias avanzadas para ayudarlo a combatir la desaceleración del compromiso, generar ventas y volverse viral.

EVITAR USAR BOTS DE INSTAGRAM

Usar los bots de Instagram es lo mismo que la automatización de Instagram. Instagram es cada vez más completa. Como resultado, uno necesita generar contenido continuo y tener mucho compromiso en términos de me gusta y comentarios. Esto es difícil de mantener y, como resultado, los usuarios están utilizando la automatización de Instagram. Al hacerlo, han dejado todo el compromiso a los bots de Instagram que no tienen sentimientos y pueden no participar de la misma manera que los humanos. Para rejuvenecer el compromiso, debes estar listo para renunciar a la automatización y hacerlo tú mismo.

CONTROL DE CALIDAD DE CONTENIDO

No importa cuántos consejos de Instagram o guías de libros electrónicos hayas leído sobre cómo aumentar el compromiso en Instagram. Si no publicas contenido de calidad, es probable que arruines el compromiso con tus seguidores. La gente quiere contenido que pueda ser útil para su sustento. El contenido de alta calidad te ayudará a volverte viral y generar ventas.

Mantener conexiones a largo plazo

Creer que publicar contenido es suficiente para aumentar el compromiso es un pensamiento equivocado. Es crucial construir una base de fans con el objetivo de mantener una conexión a largo plazo. Esta es una forma de asegurar que tus seguidores también se preocupan por tu contenido. Para crear una buena conexión, debes estar en constante comunicación con tus seguidores, me gusta y comentar sus publicaciones, etiquetarlos en tus fotos y ver sus historias. Sin embargo, recuerda ser siempre relevante en tus publicaciones. Evite compartir spam, ya que perjudica el nivel de confianza y solo puede resultar en la pérdida de seguidores.

ESTATE AL TANTO DE LAS TENDENCIAS

Esto simplemente significa que prestes atención a los cambios que ocurren en Instagram que pueden ayudarte a aumentar el compromiso. Por ejemplo, el uso de GIF es una tendencia y más interesante que los videos. En realidad, la investigación muestra que más personas no tienen tiempo para ver un video largo hasta el final. Por lo tanto, para involucrarse más con esa audiencia, debe darles formatos de video más cortos: GIF.

El arma secreta... Los Videos

Debes haber notado cuánta gente usa los videos en su estrategia de marketing, especialmente en Instagram. Han comprendido los beneficios que conlleva el uso de videos como herramienta de marketing. Muchas empresas están descubriendo el poder del uso del video en su estrategia de marketing de Instagram. En realidad, cada vez más compañías se están dando cuenta de que el video se ha convertido en uno de los formatos de contenido más compartidos en Internet y puede fomentar su estrategia de marketing. ¿Qué hace que los videos sean armas secretas para convertir a los seguidores de las redes sociales en clientes y aumentar las ventas?

LOS VIDEOS TRANSMITEN INFORMACIÓN DE MANERA MÁS EFICIENTE

Cuando se intenta obtener más información sobre un producto o servicio, existe una tendencia a conocer los detalles rápidamente. Preferiblemente, en una presentación fácil de procesar que contenga todos los detalles pero comprimidos juntos. Los videos son excelentes maneras de comunicarse con los clientes existentes y potenciales. En solo unos segundos, puedes llamar su atención y explicar de qué se trata tu negocio y por qué deben considerar tus productos o servicios. Aunque esto se puede hacer a través de la escritura, la mejor manera de hacerlo más rápido y de una manera más memorable es crear un video.

CREAR PERCEPCIÓN DE LA MARCA

El uso de videos mejora la conexión entre tu marca, tus clientes y el mensaje que deseas transmitir. Por esta razón, es imperativo crear una historia clara, entretenida y relevante, porque un video puede aumentar enormemente la asociación de marcas.

EL VIDEO ES MEDIBLE

Con la tecnología actual, uno puede medir la rentabilidad y la efectividad de las herramientas de marketing utilizadas en la estrategia de marketing. Los análisis están disponibles y pueden ser muy útiles para evaluar la utilidad de los videos en marketing. Las cifras de un análisis de retorno de la inversión pueden ayudar a hacer videos atractivos, así como a dirigir tu estrategia de marketing en la dirección correcta.

INSTAGRAM MARKETING
EL VIDEO REVELA PERSONALIDAD

Los comercializadores de medios sociales más efectivos alcanzan a sus audiencias al ser únicos. Esta singularidad puede enviar un rasgo de personalidad que la audiencia tendrá sobre ti. Los videos simples hablan mucho cuando se trata de lo que uno representa. Aún más, muestran rasgos de tu personalidad y de cómo haces negocios.

EL VIDEO IMPULSA EL COMPROMISO EN LAS REDES SOCIALES

Las plataformas sociales, especialmente Instagram, le dan una alta prioridad al contenido de video porque saben que es lo que los usuarios quieren. ¿No nos gusta compartir contenido que entretenga a nuestros amigos y despierte su sentimiento de felicidad? Los videos tienen una mejor oportunidad de hacerlo y pueden hacer felices a los clientes. A diferencia de los enlaces, las imágenes y el texto sin formato, un video tiene más posibilidades de ganar seguidores compartidos. Esto hace que Instagram sea más animado y aumenta el compromiso.

Cómo escribir títulos en posts que hagan que tus seguidores hagan lo que quieres

Usar Instagram para aumentar los volúmenes de venta de productos es más que cargar una gran foto o video. ¡Un título es tan vital como tu foto o video de Instagram! Dado que Instagram se ha convertido en una gran plataforma de marketing, es absolutamente importante saber cómo motivar a su audiencia para que compre sus productos. Puedes hacer eso usando subtítulos. A continuación hay consejos sobre cómo debes escribir para influir en tus seguidores.

EVITA SOBREUSAR LOS HASHTAGS

Muchos comercializadores e influencers son testigos de que los hashtags han demostrado ser una excelente manera de encontrar nuevos seguidores. Sin embargo, debes tener cuidado al usarlos. Si usas demasiados hashtags, solo lograra el efecto contrario. En lugar de conseguir más seguidores, solo los alejarás. Debes saber que se ve como un desesperado intento por conseguir nuevos seguidores, y esto es sin duda no lo que quieres para tu marca.

PRESTA ATENCIÓN A TU ESTILO DE ESCRITURA

Los usuarios de Instagram disfrutan de seguir páginas donde los usuarios tienen un estilo de escritura atractivo específico. Por ejemplo, puedes agregar marcas de tiempo a tus publicaciones. Alternativamente, puedes ir aún más profundo y elegir usar subtítulos cortos o más como subtítulos narrativos. Es aconsejable probar para observar las reacciones de los seguidores existentes y comenzar a usar un estilo específico después.

Crea una llamada a la acción en tu título de Instagram

El simple hecho de crear una llamada a la acción en tu título de Instagram te llevará a un mayor compromiso en tus publicaciones. Además, invitar a tu audiencia a comentar o participar puede ser de gran ayuda cuando se trata de involucrar a los seguidores. Incluso con esto dicho, evite incluir una llamada a la acción en todos los títulos de Instagram. Crear una buena llamada a la acción perfecta es una excelente manera de inspirar a tus seguidores a participar en tu negocio tanto dentro como fuera de Instagram.

Usa Emojis en tu título de Instagram

Incluso si no pretendes utilizar emojis para llamar la atención a tu llamado a la acción, utilízalos para agregar personalidad a tu título de Instagram. Para hacer un título perfecto, puedes insertar varios emojis al principio. Llamarás la atención de tus seguidores con un poco de creatividad, por lo que querrán hacer clic para leer más. Además, puedes reemplazar palabras completas con un emoji.

Agrega Hashtags a los títulos de Instagram

Es importante tener en cuenta que te estas vendiendo en los títulos de Instagram. Por este motivo, usa los hashtags adecuados para ayudarte a ampliar tu audiencia a un público más extenso. Además, los hashtags se harán visibles a más clientes potenciales y te ayudarán a aumentar tus seguidores y luego a un mayor volumen de ventas.

Mark Hollister & Susan Smith

Capítulo 6: Convertir seguidores en compradores

Cómo crear enlaces que produzcan clics

Actualmente, hay una nueva función llamada Instagram Link que permite a los usuarios crear un enlace en imágenes de historias. En el pasado, Instagram solo permitía a los usuarios insertar un enlace en la biografía de su perfil. Entonces, ¿por qué no aprovecharla para mostrar todas tus publicaciones de forma que se pueda hacer clic? De esta manera, generará imágenes que pueden guiarlo hacia la página de un producto, publicación o cualquier página de destino específica. Aquí esta el cómo crear enlaces que produzcan clics.

1) Primero, toca el ícono de la cámara para comenzar tu historia. Tome varias fotos o grabe un video o deslice hacia arriba para seleccionar una imagen o video del rollo

de la cámara. El video o la imagen seleccionada debe tener menos de 24 horas de creada para poder usar la imagen visual como una historia.

2) Haz clic en el ícono de enlace - (un ícono que parece un enlace de cadena en la parte superior de la pantalla). Idealmente, el icono solo aparece cuando tienes al menos de 10000 seguidores en tu cuenta empresarial. Agrega el URL del enlace que deseas agregar a sus imágenes o videos. Después de agregar la URL, haz clic en listo.

3) Añade una llamada a la acción. Asegúrate de editar tu historia antes de tocar el ícono "Agregar a tu historia" y luego agrega un llamado a la acción. En el caso de que agregues un enlace a una foto, se podrá ver en la pantalla antes de que aparezca la siguiente historia. El enlace en el que se puede hacer clic no es fácilmente

perceptible y puede perderse. Por lo tanto, incluya un enlace de texto "ver más" para que se note. Una llamada a la acción perfecta debe incluir algo como "desliza hacia arriba para ver nuestro producto más reciente" o simplemente algunas palabras que atraigan a la audiencia a hacer clic.

4) Agrega el contenido a la historia y listo.

Beneficios de usar los enlaces en Instagram

El uso de enlaces en tus publicaciones de Instagram puede tener inmensos beneficios. Probablemente, tengas una idea de los beneficios que puedes experimentar cuando usas enlaces. Sin embargo, solo para dejarlo claro, aquí hay algunos beneficios.

Conduce a un aumento en el tráfico a tu sitio web o blog desde Instagram. No hace falta decir que agregar enlaces a tu contenido de Instagram llevará a un aumento en el número de personas que serán redirigidas a tu sitio web.

Mejora las ventas redirigiendo a los compradores potenciales a la página del producto, facilitándoles más detalles para tomar una decisión de compra.

Te ayuda a medir la efectividad de tu estrategia de Instagram. Si eres un gestor de redes sociales, un comercializador o un influencer, quieres mostrar a tus clientes que tienes muchos seguidores. Además, es necesario hacerles saber que tus estrategias ayudarán a aumentar sus ventas.

Cómo crear productos digitales para vender en Instagram

Una vez que hayas creado productos digitales, debe idear la estrategia de ventas correcta para clientes potenciales y existentes. Esto implica idear un plan para asegurarte de que tu audiencia, de hecho, comprará tu producto digital. Los siguientes pasos te ayudarán a evitar los costos innecesarios y la decepción de hacer un producto que nadie quiere.

HABLA CON COMPRADORES POTENCIALES

Es crucial asegurarte que los compradores potenciales sean personas de confianza. La mayoría de los clientes potenciales son los lectores más ávidos y comprometidos de tus publicaciones e historias de Instagram. Envía un mensaje individual a al menos tres de ellos con tu propuesta y pídeles su opinión honesta. Además de enviar mensajes, también puedes contactarlos por correo electrónico. Ten en cuenta sus críticas y ajustar tu idea en consecuencia.

CREAR CONTENIDO ALREDEDOR DE UNA IDEA

Antes de crear el producto, crea curiosidad sobre tu producto y mide la reacción de la audiencia. Básicamente, puedes comenzar con algunas publicaciones de blog sobre tu producto que se presentarán a tus lectores e incitarán la curiosidad. Además, puedes tomar preguntas y comentarios sobre el producto y utilizarlos para mejorar tu idea inicial del producto.

CREAR TU PRODUCTO MÍNIMO VIABLE

Un producto mínimo viable no se traduce en un producto a medio terminar. Implica un producto completo que es una fracción de la escala del producto digital que estás creando. Un gran enfoque para visualizar esto es usar el modelo del pastel. Por ejemplo, si planeas producir un álbum completo de canciones de fondo digital, puedes lanzar una canción primero. Además, puedes escribir un resumen de ella primero por si planeas venderlo como un libro electrónico .

CREAR UNA PÁGINA DE VENTAS PARA EL PRODUCTO.

Parece imprudente disparar el arma y crear una página de ventas para algo que aún no has creado. Sin embargo, lo que deseas vender aquí es tu producto mínimo viable gratuito. También puedes ofrecer un descuento adicional a las personas que se tomen la molestia de completar un formulario de comentarios sobre el producto mínimo viable que pretendes lanzar. Asegúrate de tomar en cuenta el feedback de manera constructiva y usarlo para crear un producto mejor y más útil.

Vender Productos Físicos y Digitales en Instagram

En el mundo actual de los negocios, los vendedores pueden vender productos físicos y digitales. Cuando se trata de vender bienes físicos, los vendedores dan su dirección física para que los compradores puedan visitar sus tiendas para hacer una compra. Sin embargo, la venta de productos digitales solo requiere un medio de transferencia de dinero. En este caso, el cliente realiza el pago en línea y el vendedor envía el producto a través de Internet. Los siguientes son algunos de los productos digitales que pueden venderse en Instagram.

Libros electrónicos

Hoy en día, las personas simplemente no pueden obtener suficientes eBooks en sus lectores electrónicos, tabletas o incluso teléfonos inteligentes. Ahora puedes acceder a la información cuando y donde sea irresistible. No necesariamente tiene que ser un libro electrónico tradicionalmente largo para ser valioso y vendible. Depende del nicho en el que te encuentres. Sin embargo, los manuales concisos, los informes, los casos de estudios, los informes técnicos, las listas de verificación y todo lo que sea informativo siempre es valioso para el lector adecuado. Por lo tanto, ya deberías tener una ventaja en la comprensión de qué tipo de información es importante para tu audiencia.

Cursos en línea/seminarios web

Enseñar temas más complicados que lo que se puede presentar en un libro electrónico puede requerir videos. Más importante aún, los videos te permiten conectarte con tu audiencia en un nivel diferente. Los eCourses (Cursos en línea) son diferentes a los webinars (Seminarios WEB). Los seminarios web se llevan a cabo en vivo en un horario previamente programado, mientras que los cursos en línea son clases de capacitación a pedido y pregrabadas. Obviamente, puedes compilar seminarios web sobre los temas más adecuados y agruparlos como un curso electrónico más adelante. Sin embargo, las diapositivas deben formar parte del paquete cuando ofrece a tus compradores un curso electrónico .

CURSOS DE AUDIO

Los cursos de audio se han utilizado convencionalmente para la enseñanza de idiomas. Hoy en día, puede crear un curso de audio sobre casi cualquier cosa o cualquier nicho. Al final, el audio grabado, es un buen complemento más adelante si planeas o no crear un libro electrónico o un curso de video y complementarlo. En particular, un libro electrónico se puede convertir fácilmente en un audiolibro o un seminario web en archivos de audio que también puedes vender.

ELEMENTOS WEB

Si eres un diseñador gráfico, esta puede ser una buena opción para ti. La gente busca continuamente hermosos gráficos. Los gráficos pueden utilizarse para sus blogs, presentaciones corporativas o solo para proyectos personales.

MÚSICA

La demanda de música digital está en aumento. Todos, desde los vloggers de YouTube hasta los grandes productores de videos corporativos, buscan el audio adecuado, que se puede utilizar como música de fondo. Gratis es la opción más viable para ellos. Sin embargo, la mayoría de los profesionales están dispuestos a pagar un poco más por la música de fondo que se produce sin problemas y se ajusta a sus preferencias de contenido.

FOTOS

Actualmente, las fotos de alta resolución también están en demanda. Personas de todos los nichos buscan fotos e imágenes de archivo para usar en sus publicaciones de blog como elementos visuales . Es difícil diferenciarse de la multitud si está tomando fotografías de los elementos habituales. Tómate el tiempo y consigue las mejores y únicas fotos que te harán excepcional.

Capítulo 7: Convertir Seguidores en Clientes a través de un Embudo de Ventas de Instagram

Sin las estrategias de marketing adecuadas, tu negocio eventualmente fracasará debido a la falta de clientes. Nadie podrá conocer tu negocio, lo que estás ofreciendo y dónde pueden obtener tus productos. Por lo tanto, si aún no has dedicado tiempo y esfuerzo a esta misión, ahora es el momento de comenzar. Aparentemente, una manera fácil de comenzar es mediante el uso de un embudo de ventas. Esta estrategia se llama así debido al hecho de que esta estrategia de marketing en particular se ve como un embudo en forma de diagrama.

Aunque puedes comercializar tus productos o servicios a miles de personas, solo unos pocos proporcionarán información de contacto y se convertirán en clientes potenciales. De esos clientes potenciales, solo una fracción se convertirán en clientes reales. Aquí verás cómo construir un embudo de ventas de Instagram que de resultados.

Anuncios de Instagram

Los anuncios de Instagram han demostrado ser increíblemente útiles para empresas y organizaciones de todos los tipos y tamaños cuando se trata de marketing. En la actualidad, los anuncios de Instagram se administran a través del panel de control del Facebook Ads Manager. Esto facilita la sincronización con tus esfuerzos pagados en Facebook y aprovecharas la amplia gama de opciones de orientación. Si puedes lograr esto dentro de un rango cómodo en el que obtenga ganancias con cada transacción, puedes escalar la campaña aumentando el presupuesto y encontrar aún más éxito.

Convierte tu biografía en un llamado a la acción

Tu biografía del perfil es tu propiedad inmobiliaria principal pero con poco para publicar lo que quieres. Debes utilizar el espacio publicando solo lo que tu audiencia encontrará útil y lo que los acercará más a ti y a tu marca. Usar este espacio para hacer una llamada a la acción convincente es una de las cosas que debes hacer al implementar embudos de ventas de Instagram. La aplicación no tiene muchos otros espacios para texto o enlaces en toda su interfaz. Por esta razón, necesitas ser realmente creativo y usar lo mejor de tu capacidad.

Uso de contenido generado por el usuario

Los productos de comercio electrónico funcionan excepcionalmente bien cuando son impulsados por contenido generado por el usuario. Esto implica utilizar a otros clientes para comercializar sus productos a clientes potenciales . Esto puede ser de gran ayuda para ayudarte a poner en práctica las ventas de Instagram. Por lo tanto, persuadir a los seguidores de volver a publicar las fotos de tu producto en uso, etiquetar tu cuenta o usar tu etiqueta de marca. Si consigues personas influyentes, lo estás haciendo genial entonces!

El contenido generado por el usuario crea una cultura en torno a tu marca a partir de clientes reales que ayudan a promover el conocimiento. El uso de esta táctica te permitirá crear una comunidad en línea centrada en tu negocio, lo que significa que cuentas con el respaldo total de los clientes y su buena voluntad. El reenvío de fotos generadas por el usuario en el canal de información empresarial atraerá aún más a tu audiencia a involucrarse y los impulsará a comprar si no son dueños del producto. En última instancia, desarrollará un compromiso continuo, esto aumentará la visibilidad de tu marca y convertirá a la mayoría de tus seguidores en clientes.

Unir fuerzas con influencers

Con la estrategia correcta, tu marca puede establecerse en una asociación estratégica con un influencer de renombre. Asegúrate de generar y evaluar con entusiasmo un gran retorno de la inversión en términos de conversiones y reconocimiento de marca. Trabajar con inluencers te permitirá aprovechar una red y una marca para hacer percibir tus ofertas de comercio electrónico. Te beneficiarás de su éxito y popularidad.

Este método de difusión de tu mensaje de marketing no se sentirá como un anuncio, ya que el mensaje provendrá de la voz personal y auténtica del influencer. Los seguidores siguen agradeciendo los respaldos de estrellas de confianza e influencers de Instagram, en medio de restricciones más estrictas sobre la transparencia del contenido patrocinado.

Enlace en la historia

Esta función solo está disponible para cuentas con más de 10,000 seguidores en

Instagram. Esta   es una razón más para priorizar Instagram y comenzar a construir esa audiencia para beneficiarse de esta función. Los usuarios con dichas cuentas pueden incluir enlaces en las historias de Instagram. Las historias de Instagram ayudan mucho a dar a un negocio más espacio para implementar su embudo de ventas. Uno no se limita a demandar una descripción tan breve como en una biografía. Por lo tanto, uno puede hacer uso de este espacio para convertir más seguidores en clientes en más palabras, tal vez con los beneficios de poseer un producto determinado.

Automatización de Instagram

En referencia a los términos y condiciones de Instagram, los usuarios no deben aplicar la automatización de Instagram en absoluto. Aun así, es una forma estable y eficiente de hacer crecer la base de los seguidores, si se hace de la manera correcta. Existe una alta probabilidad de ser baneado si notan que estás utilizando herramientas de automatización de Instagram. Sin embargo, con la tecnología y las herramientas actuales, puedes ocultar tus pistas y hacer que cada vez sea más difícil detectarlas.

Las herramientas de automatización de Instagram están destinadas a imitar el comportamiento humano en términos de uso de las funciones de Instagram. Por ejemplo, hay configuraciones de automatización para retrasar los intervalos para todos los gustos, seguir o dejar de seguir. Aún más, hay una función para aleatorizar las acciones del bot de Instagram similar a lo que haría un humano.

¿Exactamente dónde se debe aplicar la automatización de Instagram? La automatización de Instagram solo se debe utilizar para realizar las siguientes tareas.

- Me gusta - se puede usar la automatización de Instagram para, automáticamente, dar me gusta a publicaciones con etiquetas específicas, de personas particulares y muchos más.

- Seguir - este es el uso de la función de automatización, el buscar y seguir los perfiles de Instagram a partir de etiquetas, seguidores de cuentas específicas, aquellos que comentaron o gustaron publicaciones en particular, y mucho más.

- Dejar de seguir - este es otro uso de la automatización de Instagram para dejar de seguir los perfiles de Instagram después de un cierto período de tiempo, o si no te han seguido.

- Publicación - se puede usar la automatización de Instagram para activar la capacidad de publicar fotos, agregar leyendas y publicar historias automáticamente.

- Comentarios - automatizar esto significa que crear una función con la capacidad de comentar automáticamente fotos con etiquetas específicas, de personas particulares y mucho más.

- Mensajes directos - esta es simplemente la capacidad de enviar mensajes directos a los usuarios que te siguieron recientemente, a toda una base de seguidores o a influencers de Instagram con los que deseas participar.

La mejor manera de asegurarte de que no se te banee por usar herramientas de automatización de Instagram por los administradores de Instagram es hacer que se les resulte difícil darse cuenta de tus funciones automatizadas. ¿Pero cómo haces eso? Puedes hacer esto de tres maneras.

- No utilices la automatización de Instagram durante un período continuo y prolongado.

- No automatices todo, ya que hay tareas específicas que llamarán la atención sobre tu cuenta si se ve como spam. Los expertos recomiendan que solo uses la automatización de Instagram para publicar, seguir, dejar de seguir y gustar las fotos.

- No automatices la mensajería directa.

- No automatizar los comentarios. El principal problema con la automatización de comentarios es que todo lo que tendrá será un comentario común que se aplicará a una amplia variedad de fotos.

Como descargo de responsabilidad, siempre existe un gran riesgo de que se te elimine en Instagram por el uso de herramientas de automatización. Es imperativo tener en cuenta que la automatización no es una solución única para el crecimiento de tus seguidores de Instagram. Sin embargo, la automatización puede tener un crecimiento sustancial cuando se realiza correctamente.

Siempre úsalo con precaución y no dependas únicamente de ello para hacer crecer tus seguidores. Revisa los siguientes consejos sobre cómo puedes obtener más de 10 mil seguidores en Instagram. Tómate el tiempo para evaluar lo que puedes usar e impleméntalo.

Capítulo 8: El Camino para Hacer 10 mil Seguidores en un Mes

Cómo obtener más de 10 mil seguidores en un mes

Al comenzar en Instagram, es emocionante imaginar cuántos seguidores puede obtener tu cuenta de los más de mil millones de usuarios. La verdad es que tus primeros 10.000 seguidores en Instagram son los más difíciles de conseguir. La razón principal detrás de esto es que nadie sabe quién eres todavía. Todavía tienes que recorrer un largo camino para demostrarte como una marca exitosa e influyente. Sin embargo, esto no implica necesariamente que no sea posible. Es posible tener un número considerable de seguidores en un corto período de tiempo, siempre que te esfuerces fuertemente según sea necesario. A continuación hay consejos que te ayudarán a alcanzar los 10,000 seguidores de Instagram en un mes.

INSTAGRAM MARKETING
Selecciona un tema y adhiérete a él

Seleccionar un tema para tu página de Instagram es una excelente manera de atraer a una comunidad especializada. Aún mejor, puedes hacer un nombre único para ti. Además, los temas también pueden obligar a los usuarios de Instagram a decidir seguirte. Si saben que publicas contenido coherente y similar a la imagen o publicación que descubren originalmente, es una decisión fácil darle en "Seguir". En caso de que una publicación que le gustó a tu audiencia se pusiese solo una vez en tu feed, la mayoría de las personas de tu audiencia pasarán a explorar otras páginas.

Únete a los Grupos de Compromiso de Instagram

¿Estás empezando a tener seguidores en Instagram? Esta estrategia es la mejor para los principiantes. Unos cuantos novatos en Instagram han visto cómo sus seguidores de Instagram aumentan más rápido de lo que esperaban, de modo que todos siguen preguntándose qué hicieron de manera diferente. El hecho es que se unieron a los grupos de compromiso.

Si bien puede ser difícil unirse a los grupos de participación de Instagram más grandes, obtendrás una lista más específica de seguidores de Instagram al mantener tu nicho. Puede encontrar fácilmente grupos de compromiso de Instagram para viajes, belleza, moda, entre otros nichos. De estos grupos, puedes obtener seguidores y me gusta de personas que tienen intereses similares a los tuyos. Sin embargo, si te tomas en serio la atención, también debes devolver el favor siguiendo las páginas de fans para las personas que se unirán al grupo.

Incluso si no ayuda con las ventas inmediatas, ayuda a tu marca a ganar credibilidad. Es importante tener en cuenta que esta es una estrategia a corto plazo. Debe usarse para obtener seguidores de Instagram solo en las primeras semanas en Instagram y no a largo plazo.

ELEGIR EL CONTENIDO CORRECTO DE INSTAGRAM

Para lograr un gran número de seguidores de personas reales en Instagram, tú tienes que producir contenido. No solo debe ser hecho específicamente para Instagram, sino que también se ajusta a lo que tu audiencia quiere. Al crear el contenido, encontrar el enfoque y el estilo correctos es crucial. Esto se debe a que tu contenido se convertirá en la forma en que tus seguidores te reconocen.

En general, hay varios tipos de imágenes que funcionan bien con muchos nichos. Los carteles con citas inspiradoras o humorísticas, fotografías de calidad de alimentos o imágenes escénicas son puntos de partida seguros en su estrategia de creación de contenido. Es aconsejable considerar cuidadosamente qué tipo de contenido estás produciendo. Siempre reconoce que Instagram es un éxito porque es una plataforma totalmente única. Proporciona una experiencia de usuario completamente diferente a otras plataformas de medios sociales. En resumen, crea un contenido único para tu cuenta de Instagram.

PRODUCE CONTENIDO QUE TU AUDIENCIA AMARÁ

Cuando comprendas qué tipo de contenido es el adecuado para tu marca, es hora de centrarte realmente en hacer publicaciones extraordinarias que sepas que se conectarán con tu audiencia. Esto puede parecer obvio, pero la creación de contenido en sí ha sido descuidada por muchos expertos en marketing e influencers. Descubre lo que tus clientes aprecian ver en Instagram o qué temas resuenan con ellos. Después, puede continuar y completar tu cuenta con contenido relevante.

En cualquier caso, te tienes que conectar con tu público. No olvides el dicho de que la belleza está en el ojo del espectador. Por eso es tan importante desarrollar una buena relación con tu audiencia y aprender qué tipo de contenido les gusta. Ha habido varias ocasiones en que las personas han publicado algo que pensamos que aumentaría totalmente el compromiso. Para su sorpresa, resulta ser un fracaso.

Una forma de asegurarte de que produces un contenido excelente es descubrir qué publica tu competencia. Además, toma nota del tipo de imágenes utilizadas en tus sitios web o blogs que son populares en tu industria e imita algo parecido. No copies y pegues!

Pedir a los clientes que compartan tus fotos

Cuando recién estás comenzando una estrategia de marketing en Instagram, obtener seguidores será mucho más fácil con las fotos de los clientes en su feed, ya que contribuye a aumentar la prueba social.

En caso de que hayas tenido un par de ventas, comunícate con los clientes y ofréceles un regalo o incentivo en efectivo por tomar imágenes de calidad con el producto que compraron. Obviamente, dar incentivos no debería ser una estrategia a largo plazo, sino a corto plazo. Está pensado en ayudarte a crecer a medida que intentas construir tu marca. A medida que más clientes comienzan a ver las fotos de los clientes en tu Instagram, naturalmente comenzarán a etiquetarlo en las publicaciones cuando obtengan sus productos. Si publicas un comentario en su publicación, vuelves a publicar el contenido y los sigues, es probable que los atraigas a un seguir también.

TENER UN ESTILO CONSISTENTE

Esto suena como uno de esos enfoques insuficientes para ganar seguidores en Instagram. Sin embargo, éste no es el caso. Los expertos en marketing en redes sociales creen que las personas no siguen una página debido al contenido publicado. Siguen una página debido a cómo creen que será el contenido futuro. Lo que esperan en el futuro es la coherencia en el estilo de contenido que los hace despertar en este momento.

Acostumbrarse a un estilo consistente es algo más que hacer branding. También se trata de crear anticipación a tu cuenta de Instagram con la que tus seguidores o potenciales seguidores pueden contar. Preferiblemente, quieren ver más del mismo tipo de contenido de estilo, todos los días. Una vez que puedas brindar esa consistencia con cada publicación, aumentará tus seguidores en Instagram a un ritmo más rápido en un corto período de tiempo.

USA LAS PUBLICACIONES DE INSTAGRAM EN LAS PUBLICACIONES DEL BLOG

Si tienes un blog personal o de negocios, puedes insertar tus fotos de Instagram en las publicaciones de tu blog. Por ejemplo, si estás en el nicho de la moda, puede escribir una entrada de blog sobre consejos de estilo. Puedes elegir publicaciones de

Instagram donde muestres imágenes de tus atuendos en capas o un look moderno. Para hacer todo esto, anda al sitio web de Instagram en tu pc, ve a su página, haz clic en la publicación, luego clic en el icono '...' y haz clic en copiar enlace. Luego, pega ese enlace en la sección de código de tu blog.

Después de algún tiempo, más personas visitarán tu blog y probablemente también verán tu cuenta de Instagram. Esto es más un juego a largo plazo, especialmente si no estás obteniendo tráfico. La adición de tus publicaciones de Instagram desde el principio te da una mayor oportunidad de visibilidad y realmente comenzarás a ver retornos masivos dentro del tiempo.

SIGUE A LAS PERSONAS QUE LES GUSTAN LAS PÁGINAS DE LA COMPETENCIA

Para obtener el incremento deseado en el número de seguidores de Instagram, necesita encontrar personas que sigan a las marcas que son tus competidores. ¿Quiénes son tus mayores rivales en Instagram en el mercado real? Escríbelas y examina sus publicaciones para ver quién comenta en sus publicaciones. Esto te ayudará a conocer su preferencia, seguirlos y relacionarte con ellos.

Recuerde que es mejor optar por las marcas más pequeñas mientras seleccionas competidores en Instagram. Esto es justificable porque si vendías pinceles de maquillaje y tratas de conseguir personas que comenten sobre el esmalte de uñas, es muy probable que no sean la audiencia adecuada a pesar de estar en un nicho similar. Cabe destacar que las marcas más grandes tienden a tener más lealtad del cliente. A medida que sigas comprometiéndote y siguiendo a las personas que siguen a un competidor, ciertamente comenzarás a reunir tus propios seguidores.

ATESORA TUS SEGUIDORES DE INSTAGRAM

Uno de los mayores errores que cometen las personas al crear su cuenta de Instagram es valorar a sus seguidores como números. Los seguidores no son, de ninguna manera, la única métrica que importa cuando se trata de Instagram. Sin embargo, puedes fijarte en el aumento del número de seguidores y no puedes apreciar que cada persona que elige seguirlo es en realidad un ser humano vivo que respira. Recuerda, no importa el tipo de cuenta que estés llevando, ya sea personal o comercial. Lo mismo es verdad en todas partes; simplemente no dejes de tratar a tus seguidores como oro.

TRABAJAR CON INFLUENCERS

Otro enfoque para obtener un aumento en el número de seguidores de Instagram es obtener shoutouts de influencers o hacer que personas de influencia hagan una toma de posesión de la cuenta. Un influencer ya tiene seguidores fieles y puede darte un shoutout que dará como resultado algunos nuevos seguidores para tu cuenta y posiblemente algunas ventas. Antes de contratar a un influencer, prepárate para redactar un contrato que prohíba que el influencer envíe tráfico falso. Ten en cuenta que cuando obtienes una oleada repentina de seguidores falsos en tu cuenta, corres el riesgo de que tu cuenta se cierre.

Publica regularmente

Intenta publicar de forma regular, tal vez, aproximadamente una vez cada tres o cuatro horas. Sin embargo, evite la publicación masiva de un montón de fotos en una sola sesión. Esto hace que los usuarios piensen en tus publicaciones como spam y dejen de seguirte. En realidad, piensa en ello como sembrando semillas. No deseas simplemente poner todas sus semillas en un agujero de una sola vez, deseas extenderlas. Las mejores prácticas indican que uno opta por la consistencia. Si tu audiencia no puede confiar cómodamente en ti para que publiques regularmente, no encontrarás muchas personas dispuestas a seguirte en su tiempo libre si publicas algo de vez en cuando.

SORTEOS

Es posible que puedas obtener más seguidores si haces sorteos en Instagram y tienes una audiencia pequeña. Sin embargo, si haces regalos en tu sitio web e incorpora una opción para seguirte en Instagram, tendrás un alcance mucho mayor. Si tu audiencia es pequeña, puedes publicar tu sorteo en ciertos grupos de Facebook o en blogs de sorteos.

Si recién estás comenzando, los regalos pueden permitirte obtener más seguidores en Instagram. Ten en cuenta que si los haces con demasiada frecuencia, es probable que no obtengas el tipo de audiencia que desea. Si el objetivo es obtener ventas, los sorteos no necesariamente te ayudarán a obtener más clientes. Sin embargo, esta estrategia puede funcionar bastante bien si solo buscas obtener seguidores en Instagram rápidamente.

COMPROMISO EN MASA

Para ganar más seguidores, debes involucrarte con más personas en Instagram. Para encontrar las mejores cuentas con quien participar, búscalos con hashtags relevantes a tu marca. Utiliza los me gusta, comentarios y seguimientos para aumentar tu compromiso con tus seguidores. En este momento, Instagram solo te permite seguir hasta 7.500 personas. Entonces, ¡aprovecha eso! Cuando te relacionas con cuentas que tienen rasgos e intereses similares a los tuyos, que estén más interesados en seguirte y participar en tus publicaciones. Para evitar que tu cuenta te la cierren, debe asegurarse de que estás participando dentro de los límites de Instagram, como 300-350 me gusta/hora, 8-14 comentarios/hora, 20-40 seguimientos/hora, 20-40 no seguir/hora.

La mayoría de los expertos recomiendan comenzar con menos que los números anteriores durante al menos 2-3 semanas antes de probar los límites de Instagram en tu página. En caso de que llegues a uno de los límites de Instagram, no podrás utilizar la función particular durante las próximas 24 horas. Si esto sigue sucediendo, tu cuenta podría cerrarse permanentemente.

UTILIZA HASHTAGS

Los hashtags (palabras clave precedidas por el símbolo "#") pueden parecer algo que solo usan los adolescentes molestos. Sin embargo, este no es el caso. Son formas en que los seguidores y otros usuarios de Instagram pueden navegar fácilmente a través de los temas que les interesan. Incluir #hashtags en tu imagen permite que tu contenido sea encontrado más fácilmente por aquellos que aún no lo siguen.

Para empezar, explora los hashtags más conocidos y luego compílalos. En algunos casos, esto implica crear una lista tremenda de palabras clave que son relevantes para un nicho específico y de qué tratan generalmente las imágenes utilizadas.

Entonces, ¿cómo saber cuáles son los hashtags más apropiados?

- Echa un vistazo a los hashtags con las mejores tendencias con Tags for Likes para encontrar los hashtags relevantes a tu nicho.

- Copia los hashtags que los influencers más importantes de tu nicho están utilizando. Usa esto como un enfoque no solo para generar más exposición y ganar más seguidores, sino también como una forma de obtener los radares de otros influencers.

NEGOCIA PARA CONSEGUIR SHOUTOUTS

Con respecto al crecimiento de un gran número de seguidores en Instagram, deberás acostumbrarte a la idea de la colaboración sobre la competencia. Aquí es donde entra en juego el increíblemente poderoso concepto de los shoutouts y S4S. Solo por mencionar, S4S significa "share for share (en inglés)". Si espera ganar un millón de seguidores en Instagram, necesitas acostumbrarte a compartir el contenido de otras personas.

Los fundamentos del uso de shoutouts son bastante simples. Simplemente solicita a un influencer en tu nicho si desea compartir tu contenido y, consecuentemente, tú compartirás el suyo. De esta manera, tendrás la capacidad de descubrir las marcas de cada uno a las audiencias de los demás. Así es como te comunicas con algunos de los cuales es probable que nunca hayan oído hablar de ti en el pasado. En el caso de que elijas con quién haces S4S con precisión, lo más probable es que encuentres a alguien con un público al que conoces que también le guste tu contenido. Descubrirás rápidamente que uno de los aspectos más importantes de Instagram es que te permite acceder directamente a un nicho con distintos gustos, intereses, pasatiempos y necesidades.

INSTAGRAM MARKETING

USA APLICACIONES PARA AUMENTAR LOS SEGUIDORES DE INSTAGRAM

Cuando la mayoría de las personas comienzan a construir sus cuenta de Instagram, usan un bot, una aplicación para aumentar los seguidores de Instagram. En la mayoría de los casos, también se les llama Instagress. Al principio, funciona muy bien y permite a los usuarios crear fácilmente los primeros miles de seguidores de Instagram. Eventualmente, dejan de usar los bots porque no sirven para nada después de obtener los siguientes elementos necesarios. Desafortunadamente, Instagress y otras aplicaciones, que se utilizan para aumentar los seguidores de Instagram, generalmente se cierran después de que los administradores de Instagram lo noten. En realidad, se puede prohibir que una cuenta use dichas aplicaciones. Aun cuando pueden entregar seguidores, el riesgo simplemente no vale la pena.

RE-PUBLICAR EL CONTENIDO DE OTROS

Algunas personas construyen su cuenta de Instagram completamente mediante una estrategia que gira en torno al traspaso del contenido de otras personas. La mejor manera de hacer esto sin ser identificado como plagio es acreditar y reconocer el póster original en tu descripción en todo momento. Los términos y condiciones de Instagram requieren que uno pida permiso antes de volver a publicar.

UTILIZA INSIGHTS

Es muy fácil rastrear las impresiones de tus seguidores y publicaciones en Instagram. En el caso de que esté buscando obtener una gran cantidad de seguidores en Instagram, asegúrate de cambiar tu página personal a un perfil de negocio para poder rastrear sus ideas. Una vez cambiado, puede utilizar la información disponible para saber el horario de máxima audiencia para realizar sus publicaciones. Al hacer esto, obtendrás el mayor compromiso que, a su vez, te hará ganar más seguidores.

UTILICE GEOETIQUETAS Y ETIQUETAS DE MARCAS

En particular, una etiqueta geográfica de Instagram es similar a un registro en Facebook. Muchas personas verán publicaciones destacadas en su región y, por lo tanto, agregar una ubicación a tus publicaciones es una excelente manera de que las cuentas específicas vean tus publicaciones. Junto con las etiquetas geográficas, etiquetar marcas y cuentas grandes le da a tu publicación la oportunidad de ser visto por una gran cantidad de seguidores.

Tal vez hay otras formas que puedes usar para obtener más de 10 mil seguidores en un mes. No debes descartarlas. Más bien, combínalos con lo que se discutió anteriormente para obtener más resultados.

Mark Hollister & Susan Smith

Capítulo 9: Principios y mitos de las Redes Sociales

Principios de las redes sociales

Si eres un comercializador o influencer en redes sociales, es probable que hayas reconocido que la tarea prevaleciente es uno de los trabajos más desafiantes para hacer que una marca sea visible y rentable. La profundidad de la tarea es inmensa debido a los cambios en las cosas que deben gestionarse de forma continua. Además, por más que sea un sueño hecho realidad para cualquier comercializador, hacerlo bien puede ser una tarea difícil. Para que sea más fácil, hay una serie de principios peculiares que debe seguir si deseas beneficiarte por completo.

TENER UNA ESTRATEGIA FUERTE DE ANTEMANO

Algunas empresas y marcas deciden lanzar una campaña solo para darse cuenta de que no tienen suficiente contenido para mantener el impulso o no tienen idea de la campaña en sí. Este es solo uno de los innumerables problemas que deben abordarse antes de sumergir los dedos de los pies en las aguas de las redes sociales. Además, otras preocupaciones que deben ser atendidas son el branding, la generación de clientes potenciales, las relaciones públicas y la optimización en el motor de búsqueda (SEO en inglés). Uno debe entender cuáles son exactamente los objetivos de marketing, quiénes son las audiencias y cómo se pueden lograr mejores resultados.

SER PERSISTENTE Y PACIENTE

Si eres una marca en crecimiento y tiene un número insignificante de seguidores, se paciente y está al tanto de que tomará tiempo alcanzar el éxito. El hecho es que la atención a tu cuenta se gana y no se te entrega en bandeja de plata. Incluso si optas por utilizar contenido mejorado, todavía llevará tiempo. Necesitarás una presencia omnipresente y auténtica en las redes sociales para que se te tome en serio. En las redes sociales, es más probable que los clientes y los clientes potenciales respondan afirmativamente a lo que tienes para ofrecer, y más si te comprometes con ellos.

ATESORA A TU AUDIENCIA Y TRÁTALOS BIEN

Recuerda siempre que nunca tendrás una segunda oportunidad para causar una buena primera impresión. Por lo tanto, trata a los miembros de tu audiencia como VIPs. Expresa gratitud hacia ellos por seguirlo y pregúntales regularmente cómo puedes ayudarlos. Además, habla sobre tus necesidades e intereses, dales crédito y elogia cuando puedas. Tómate el tiempo para mostrarles cuánto valoras el tiempo que toman para mirar, escuchar y aprender de ti. Préstales mucha más atención de la que te prestan, y es probable que tu bienvenida y calidez sean recíprocas.

ESTATE DISPONIBLE, SE RECEPTIVO Y COMPROMETIDO

Afortunadamente, las redes sociales han hecho posible que te relaciones con tus seguidores en tiempo real y en cualquier momento. Sin embargo, la mala noticia es que pueden contactarte a su propia comodidad. La expectativa general es que les responderás a ellos inmediatamente. Las horas de banca, las noches, los fines de semana y la hora del almuerzo son desconocidos cuando se trata de las redes sociales. Administrar una campaña de medios sociales significa que debes ser una persona práctica, sin importar cuál sea tu horario en la vida real. Mientras utilizas cualquiera de las plataformas de medios sociales, debe estar presente para tu audiencia en cualquier momento. Si te duermes, definitivamente perderás. En las redes sociales, no hay tiempo para la relajación ni descanso para los cansados.

DEMUESTRA EL LADO HUMANO DE TU MARCA

Uno de los errores más grandes cometidos por comercializadores, influencers y profesionales es subestimar el significado de lo social en las redes sociales. Las personas hacen negocios con personas que están dispuestas a participar como seres humanos y no logotipos detrás de una letanía de mensajes promocionales y engaños corporativos. Al hacer esto, se amable, generoso y naturalmente social. Nunca olvides que el contenido hostil y artificial no te llevará a ninguna parte en las redes sociales. La sinceridad y la espontaneidad te mantendrán al tanto de tus competidores.

DESCUBRE CÓMO SER EFICIENTE

En la actualidad, las redes sociales son un lugar totalmente diferente en comparación con lo que era hace unos años. Hay una serie de diferentes herramientas y plataformas que te ayudaran a automatizar tu trabajo como profesional de marketing social o influencer. Con tanta ayuda disponible, puede parecer abrumador o incluso contraproducente unirse a un millón de plataformas y luego observar cómo te ocupas sin hacer nada. Solo selecciona un medio y capitalízalo.

CONTROL DE CALIDAD PERFECTO

Con un espacio tan grande en las redes sociales para causar un impacto, es fácil desviarse a veces. Muchas marcas sufren a medida que comienzan a extenderse demasiado y luego disminuyen la calidad del contenido que publican. Como una buena regla general, siempre es imprescindible centrarse en el contenido de calidad por encima de todo lo demás. Este es un principio clave porque dirige la mayoría de tu trabajo como publicista de redes sociales o influencer. Esto implica que debe hacer del control de calidad un principio rector antes de centrarte en cualquier otra cosa. Obviamente, todo se integra con la voz que tiene tu marca. En cualquier caso, en el momento en que una marca se ensucia y entra en conflicto con la calidad, resulta difícil recuperarla. Como gerente de redes sociales, comercializador o influyente, es tu trabajo garantizar siempre un contenido de alta calidad.

APLICAR EL PRINCIPIO DE PARETO.

La aplicación del Principio de Pareto significa que lograras el 80 por ciento de tus resultados con el 20 por ciento de la información. Esto implica que las plataformas de medios deberían ser hasta un 20 por ciento promocionales y el 80 por ciento restante deberías estar directamente vinculado a los problemas de los clientes. Sería prudente crear un "perfil de audiencia" para sus clientes modestos. Utiliza los datos demográficos proporcionados por las plataformas de medios sociales con respecto a la edad, el género, los ingresos y el nivel de educación para identificar las necesidades de tu audiencia y las tendencias de preferencia prevalecientes. Además, determina qué motiva a tu audiencia a seguirte y no renuncies a hacer que cuente en cada publicación.

SE ALGUIEN ORIENTADO AL CLIENTE

Los consumidores progresivamente esperan obtener una experiencia de servicio al cliente de calidad al tratar con cualquier persona de negocios a través de las redes sociales. Al brindar dicha experiencia, permitirá a los clientes interactuar con representantes a través de una plataforma con la que estén familiarizados. El marketing push en las redes sociales está demostrando ser menos exitoso que en el pasado. Esto puede deberse en parte a los cambios de infraestructura en las redes sociales y la creciente madurez del uso del cliente. Por lo tanto, estate orientado al cliente en todo lo que hagas en las redes sociales. Después de todo, cualquier muestra de actitud descuidada hacia tus clientes puede costarle mucho.

SER PROFESIONAL

El compromiso de los medios sociales y la gestión comunitaria es un campo especializado que ha crecido y se ha desarrollado rápidamente en los últimos diez años. La aplicación profesional de las redes sociales y los conceptos de la comunidad es una capacidad distinta que requiere capacitación, experiencia y profesionalidad. Esto es independientemente de la accesibilidad del uso de las redes sociales de forma personal o para fines comerciales.

LOS DATOS LO SON TODO

Es sorprendente que este principio aún no sea una preocupación para los gerentes de redes sociales, comercializadores e influencers. Los datos deben ser la piedra angular de todo el trabajo de marketing que realice. Es esencial tener datos sobre el rendimiento de tus campañas en las redes sociales, así como el contexto histórico de cada campaña. En general, los comercializadores de redes sociales necesitan datos rápidos y eficientes para ayudarlos a tomar decisiones correctas. Además, la administración general de las redes sociales debe tener un impulso que debe ser consistente para ayudar al negocio a mantenerse al tanto de las tendencias y aumentar la rentabilidad.

No es solo un trozo de la tarta del marketing

Todos los expertos en marketing bien intencionados pueden hacerte creer que las plataformas de redes sociales no son más que un lugar adicional donde distribuir tu mensaje a las masas. Bueno, no es cierto, y si eso es lo que piensas, entonces terminarás como un muerto en las redes sociales. La idea de las redes sociales es familiarizar a la audiencia con tu marca y aumentar tu alcance. Si todo lo que haces en Instagram es hablar de ti mismo y usarlo como un lugar para hacer tus lanzamientos de ventas, te hará más daño que bien.

Los llamados expertos en redes sociales

En estos días, todos y cada uno dicen ser expertos en redes sociales. Estos supuestos expertos están brotando de la nada. Ciertamente pueden decir el discurso, pero no pueden andar por el camino. Alguien puede afirmar que es una autoridad solo cuando dicha persona tiene años de productividad, buena reputación y puede producir resultados cuantificables. Por lo tanto, no es necesario contratar a un experto en redes sociales. Eso es solo una trampa de la que deberías tener cuidado.

Algunas cosas nunca cambian

En los últimos tiempos, el mundo del marketing ha experimentado un cambio tremendo, pero las buenas reglas antiguas sobre comunicación, relaciones públicas y marketing siguen siendo válidas. Esta ética básica nunca pasará de moda. Es importante conocer a tu público objetivo, el valor que puedas agregar a sus vidas y el propósito al que sirve. Debes considerar todo esto si deseas desarrollar una buena estrategia de marketing. Además, te hará bien comprender que las redes sociales son solo una pequeña parte de tu estrategia de marketing y no toda tu estrategia. Por lo tanto, no te desvíes de estos valores cuando consideres la opción del marketing en redes sociales. Si deseas que tu campaña de mercadeo en las redes sociales sea exitosa, entonces hay varios elementos que deben unirse. Todos los elementos de tu campaña deben estar en completa armonía entre sí. Los medios sociales son solo un elemento de tu campaña y tú necesitas hacer que todos los demás elementos trabajen juntos. Debes utilizar los métodos tradicionales de marketing e integrarlos con tu campaña de redes sociales.

Las redes sociales no solo están restringidas a Facebook o Instagram

Facebook, Instagram, Twitter y LinkedIn se encuentran entre los sitios de redes sociales más populares, pero representan solo una parte del ecosistema de las redes sociales. Los foros web, las listas de correo electrónico, los grupos de usuarios, los diversos servicios para compartir fotos y videos, los podcasts, los sitios de marcadores sociales y las comunidades en línea especializadas forman parte de los medios sociales. Debes tener en cuenta que tendrás que intentar comprender el territorio que tus clientes utilizan para socializar, y también debes involucrarte en esas plataformas.

La mayoría de las marcas tienden a distanciarse gradualmente de los sitios web de destino y, en cambio, se centran en estrategias y planes de construcción comunitaria. Para construir tu marca, necesitas concentrarte en otras cosas también. Es un buen movimiento tener establecida tu marca en varios puestos de avanzada de redes sociales como LinkedIn, Facebook, e incluso Twitter, pero hay que recordar que tus clientes actuales y potenciales podrían estar, en realidad, activos en varias otras plataformas de medios y grupos de afinidad, sociales aparte de los mencionados anteriormente.

Crear y mantener relaciones

El marketing tiene que ver con construir y luego mantener relaciones. Los medios sociales te proporcionan las herramientas y la plataforma que necesitas para cumplir con este propósito. Sin embargo, esto no significa que debas ignorar completamente la forma básica y personal de comunicación que es importante para tener éxito. Debes comprender que la tecnología es tan importante como una conexión personal cuando se trata de marketing en redes sociales.

No te dejes llevar por las redes sociales

Debes comprender que los medios sociales pueden ayudarte a hacer muchas cosas, pero no todo. Tu tienes que poner el tiempo y esfuerzo si quieres lograr que tu estrategia de marketing funcione. Si haces lo tuyo mientras usas las plataformas de redes sociales, entonces podrás alcanzar tus objetivos.

Mark Hollister & Susan Smith
No todo es sobre el retorno de la relación

Debes poder medir tu éxito haciendo uso de métricas tanto cualitativas como cuantitativas. Es importante concentrarte en el reconocimiento de la marca, la reputación en el mercado, y la percepción, pero parámetros tales como el dinero recaudado, aumento en el número de asistentes, suscriptores, e incluso cosas vendidos también son importantes. Te darán una idea de lo bien que estás haciendo tu negocio. Debes poder realizar un seguimiento de los cambios en los resultados que se han generado con la ayuda del marketing en redes sociales. Solo cuando puedas hacer esto podrás realizar los cambios necesarios en tu campaña. Necesitas poder cuantificar los resultados que se han generado.

Se trata de ser sociable

Al final del día, hay una cosa que debes entender. Necesitas ser sociable. Los medios sociales se tratan de ser alegre! Nadie quiere asociarse con alguien que no sea sociable o que simplemente no lo transmita. Necesitas encontrar una forma en que tu marca parezca más atractiva socialmente para los demás.

Mitos de las redes sociales

Hay mitos que rodean casi todo lo que sucede en la superficie de la tierra. A pesar de que los mitos no tienen fundamento, a veces parecen ser tan falsos como un engaño. Muchos de nosotros también tenemos muchas ideas sesgadas sobre las redes sociales que en realidad no son ciertas. Por esta razón, es prudente explicar los mitos sobre las redes sociales que deben ser desmentidos de inmediato.

NECESITAS UTILIZAR TODAS LAS PLATAFORMAS DE MEDIOS SOCIALES

Una gran mayoría de los comercializadores e influencers creen que una campaña de marketing de gran alcance es imposible sin difundirla a través de todos los canales de las redes sociales. Aunque esto no está mal, es innecesario. Debes adoptar las redes sociales dependiendo de dónde se encuentren tus grupos objetivo, tu presupuesto previsto y tus campañas. A menudo, es mejor enfocar más esfuerzos en una o dos plataformas si estás limitado en dinero y tiempo. De lo contrario, habrá muchas posibilidades de que el contenido no se personalice para ajustarse a cada plataforma. La conclusión es que, si tu clientela no usa Twitter, por ejemplo, por qué deberías perder tu tiempo tratando de estar presente en esa plataforma? Es importante evaluar y descubrir la plataforma más utilizada entre tus clientes y seguidores.

EL MARKETING EN REDES SOCIALES PUEDE HACERLO TODO

Hoy en día, no podemos argumentar que las redes sociales no se encuentra entre los modos más importantes de marketing. Sin embargo, no significa que sea el único canal que debes utilizar en tus esfuerzos de marketing. Solo cumplirás con tu potencial al coordinar con otros elementos de adecuada importancia, como la marca, el marketing influyente y la optimización en motores de búsqueda (SEO). Esto implica que las redes sociales deben ser parte de tu estrategia de marketing y no la única estrategia de marketing. En pocas palabras, se debe hacer un esfuerzo para utilizar el marketing en las redes sociales, pero también debe incluir una parte decente de otros modos de marketing.

LA MAYORÍA DE LOS CLIENTES NO ESTÁN EN LÍNEA

Esta es una noción común entre los dueños de negocios y los tomadores de decisiones de la empresa que generalmente creen que sus consumidores no se pueden encontrar en línea. Este mito es especialmente común con los modelos de negocios B2B que piensan que las redes sociales son redundantes en su industria. De hecho, la mayoría de las personas que utilizan los medios sociales para comercializar y ganar clientes en línea han confirmado que este es un pensamiento erróneo. Hay más de 2 mil millones de personas en Facebook, más de 320 millones de usuarios en Twitter y alrededor de 1000 millones de usuarios en Instagram. Con tales estadísticas, es imprudente creer que tu audiencia no está utilizando medios digitales en esta era.

NO HAY NADA SOBRE QUE PUBLICAR

No tener nada que publicar en las redes sociales es solo una excusa para los perezosos sin metas. En el mundo actual, no puede faltar algo para publicar en tu cuenta de redes sociales. Tienes una gran cantidad de elementos para elegir que van desde tendencias de marketing, tendencias de celebridades Noticias, noticias de moda, deportes y entretenimiento, entre otros. Incluso con una amplia gama de artículos para publicar, no olvides que lo que publiques siempre debe estar alineado con tu nicho. Los comercializadores e influencers de Instagram publican solo 2 publicaciones sobre la marca y todo lo demás está relacionado con su industria. Si no encuentras artículos de tendencias atractivos y apropiados para tu audiencia, se único y ofrece opiniones y consejos sobre temas relacionados. En la mayoría de los casos, piensa menos en vender tu producto y, en su lugar, intenta proporcionar a tus seguidores algo valioso. Evalúa en qué está interesado el público y comienza a publicar contenido sobre esto. Tal vez puedas ver lo que tus competidores están publicando para obtener información.

Necesitas un hashtag para cada publicación

No podemos descartar el hecho de que los hashtags son esenciales cuando se trata de publicaciones en redes sociales. Si bien es razonable pensar que varios hashtags traerán más alcance e influencia, no necesitas un hashtag en cada publicación. En realidad, los hashtags no contribuyen realmente a la cantidad de seguidores que uno tiene en ninguna plataforma de redes sociales, incluido Instagram. Solo mejora la facilidad con la que tus seguidores pueden encontrar tu contenido. ¡Varios estudios han revelado que los mensajes populares están hechos de comunicación de calidad y no de cantidad!

LAS PLATAFORMAS DE REDES SOCIALES OFRECEN MARKETING GRATUITO

Mucha gente cree que el marketing en redes sociales es completamente gratuito. En teoría, es cierto, pero no es el caso en realidad. Los algoritmos de las redes sociales hacen cada vez más difícil que el contenido de marca sea visto por los seguidores y otros usuarios. Esto ha obligado a las empresas a ingresar a una zona de "pago por jugar". Esta es la razón por la cual se gastan en los anuncios de las redes sociales más de 15 millones de dólares cada año. Debes saber que los comercializadores de redes sociales e influencers de renombre pagan por el contenido patrocinado o mejorado. Esta es la forma más segura de que tu contenido se propague a tantos usuarios como sea posible.

EL MARKETING EN REDES SOCIALES DIFÍCILMENTE DARÁ RESULTADOS

Las personas que utilizan las redes sociales con fines de marketing no están seguras de cómo calcular el retorno de la inversión (ROI) de las redes sociales. Esta es la causa principal del mito de que el uso de las redes sociales como herramienta de marketing no ofrece resultados tangibles. Sin embargo, más del 70 por ciento de los vendedores que saben cómo evaluar el retorno de la inversión pueden confirmar que el uso de las redes sociales en su estrategia de marketing tiene beneficios sustanciales.

DEBES IGNORAR EL COMENTARIO NEGATIVO

Las redes sociales son similares a un deporte para espectadores. No se trata de hacer feliz al cliente molesto. Más bien, se trata de asegurarse de que su marca sea conocida y de cuidar a tu cliente. Esto se debe a que miles de clientes y prospectos están mirando con un tazón de palomitas de maíz en sus regazos. Idealmente, es importante responder cada comentario de manera positiva o negativa y hacerlo rápido. De esta manera, demostrarás a todos que está listo para abordar cualquier problema que tenga con respecto a tu producto o servicio. Toma comentarios negativos como una oportunidad para corregir los errores que podrían hacer que pierdas clientes.

LA COMUNICACIÓN EN LAS REDES SOCIALES MATARÁ AL CORREO ELECTRÓNICO

Este es un mito que hace que la mayoría de la gente piense que la comunicación en cualquier plataforma de redes sociales matará el envío de correos electrónicos. Dado que debes hacer una comunicación oficial en el correo electrónico, las posibilidades de matar correos electrónicos son insignificantes. Normalmente, nunca puedes dejar de usar el correo electrónico, especialmente cuando se trata con clientes a los que les gusta ser formales. Evidentemente, tanto el correo electrónico como las redes sociales pueden usarse para mantener tu marca en la mente de las personas que te han dado permiso para hacerlo. Por lo tanto, las redes sociales y el correo electrónico son tácticas complementarias, no conflictivas.

Bueno, estos no son los únicos mitos sobre las redes sociales. No caigas en nada exagerado o subestimado en relación con las redes sociales. Si tienes dudas acerca de las redes sociales, lo mejor es obtener el asesoramiento de un experto.

Las redes sociales son una herramienta de ventas

Si eres demasiado promocional en una plataforma de redes sociales, entonces veras un desapego de la audiencia. Es un error general que las redes sociales sean una gigantesca caja de resonancia para que las marcas presenten sus productos y servicios. Bueno, tómate un momento y piensa en tu uso personal de las redes sociales. ¿Abres tu perfil de Facebook o página de Instagram para ver los anuncios? Todos usan las redes sociales para socializar y encontrar contenido que sea interesante. Por lo tanto, no es una buena idea promocionarte demasiado. Después de todo, la idea es atraer clientes y no rechazarlos. Hay una solución simple para este problema. Debes asegurarte de que el contenido que publicas sea una combinación de contenido promocional y no promocional. La proporción ideal de contenido no promocional a publicaciones con llamada a la acción es 80:20.

Necesito usar Facebook, porque todos lo hacen

Si intentas usar las redes sociales sin una buena estrategia de marketing, entonces todo lo que haces es generar ruido. Entonces, ¿por qué quieres usar una plataforma de redes sociales en particular? Tu respuesta no debe ser, "Tengo que usarla, porque todos parecen estar usándola". Si esta es tu respuesta, entonces te encontrarás en un mundo de problemas. No puedes configurar una cuenta de redes sociales y luego no tener una idea sobre lo que deseas publicar. No utilices los medios de comunicación social, porque tus amigos, competidores, o alguna otra persona dice que es una buena táctica. Debes echar un vistazo a tus objetivos comerciales y lo que planea lograr con la ayuda de las redes sociales. Haz una lista de tus objetivos y luego ve si las redes sociales se adaptan a todo esto.

La audiencia entrara automáticamente

Debes comprender que tu audiencia no acudirá de inmediato a ti porque ya estás en las redes sociales. Crear una cuenta de redes sociales o escribir un blog no es suficiente para atraer a las personas a seguir o leer el contenido que públicas. Necesitas trabajar duro si quieres ganar y retener a tus seguidores. Si deseas ver resultados y ganar credibilidad, debes dedicar el tiempo y el esfuerzo necesarios para no solo crear contenido, sino también promoverlo. Antes de crear cualquier contenido, tómate un momento para preguntarte, "¿Será útil este contenido y, en caso afirmativo, quién lo ampliará?" Si no tienes una respuesta a esta pregunta o si no tienes una lista de personas específica, entonces no crees tal contenido.

Publicar el mismo contenido en múltiples plataformas

En un intento por ahorrar tiempo, muchos usuarios de redes sociales tienden a crear publicaciones que utilizan para varias plataformas de redes sociales. Debes comprender que no hay dos plataformas de redes sociales iguales, y no puedes publicar el mismo contenido en todas partes. Cada plataforma requiere que te concentres en cosas diferentes. Puedes crear contenido similar, pero es una buena idea evitar el uso del mismo contenido. Podría ser todo un reto crear publicaciones únicas para diferentes canales de redes sociales, especialmente con una restricción de tiempo y recursos, pero valdrá la pena. Además, debes comprender que la audiencia que tienes en una plataforma también puede seguirte en otras plataformas. Imagina si abres Facebook, Instagram, Snapchat, y Twitter y encuentras el mismo contenido en todas partes. Es posible que tu reacción no sea agradable y que decidas dejar de seguir esa cuenta en al menos una de las plataformas. Bueno, recuerda que tu audiencia sentirá lo mismo. Puedes usar contenido similar pero modificándolo de acuerdo con la plataforma que planeas usar . Por ejemplo, puedes reutilizar tu publicación de blog en un video de YouTube o un video de Instagram o tal vez puedes convertir los datos que has twitteado en una infografía que puedes publicar en Facebook.

Publicar en cualquier momento del día

Es un mito común que puedes publicar en cualquier momento del día en las redes sociales. Si eso es lo que piensas, entonces necesitas pensar de nuevo. Ciertos tiempos son óptimos en comparación con el resto. Existen diferentes prácticas que se consideran óptimas para varios sitios de redes sociales. Es necesario para publicar en ciertos momentos asegurarte de que recibes más tráfico, más compromiso , y seguidores. Por ejemplo, para aumentar el compromiso en Instagram, los días ideales para publicar son los jueves y viernes.

Publica tantas veces como quieras en las redes sociales.

El número de veces que puedes publicar en las redes sociales depende de las plataformas que utilices. Debes publicar en ciertos momentos para aumentar tu visibilidad y compromiso , y una regla similar se aplica a la cantidad de veces que también puedes publicar. No debes enviar correos no deseados a tus seguidores con numerosas publicaciones en un día. Para aumentar tu compromiso, necesitas publicar una vez al día o tal vez dos veces como máximo. Si publica con frecuencia en un día determinado, tus tasas de participación se reducirán. De hecho, es un mito popular que si programas tus publicaciones en las redes sociales , resultará en un alcance más bajo. Por el contrario, es importante que programes sus actualizaciones para que puedas llegar a más personas. Internet es una comunidad global y, si deseas difundir tu contenido y aumentar tu alcance, debes poder llegar a múltiples zonas horarias con tu publicación. El objetivo principal de cualquier publicación es aumentar tu alcance. Existen diferentes herramientas de medios sociales que puedes usar para programar una publicación como Buffer o Hootsuite. Sin embargo, no significa que uses esto como un sustituto para iniciar sesión y publicar en tiempo real. Recuerda que son las redes sociales y se llama así por una razón. Necesitas comprometer a tus seguidores y el compromiso es una conversación de dos vías. Si quieres tener éxito, entonces necesitas aumentar tu tasa de participación.

Comparte fotos que encuentres en línea

El simple hecho de que encuentres algo en Internet no significa que dicho contenido sea de dominio público. Debes comprender que , incluso cuando encuentres algo en línea, los derechos de dicho contenido o imagen recaen en su creador. El creador posee los derechos de autor. Ten en cuenta una regla simple en mente cada vez que decidas compartir alguna foto que encuentras en línea ; está cubierta por derechos de autor. Si deseas usar algo, asegúrate de encontrar la fuente y determinar si puedes usarlo o no. Debes ponerte en contacto con el creador y confirmar si tienes permiso para usar dicha imagen o no. Si no lo hace, entonces es muy probable que puedas tener problemas legales relacionados con la infracción de los derechos de autor.

Usa la voz corporativa si públicas como una marca

Es importante mantener algunos límites profesionales, pero eso no significa que no muestres el lado humano de la marca. Son las redes sociales y, incluso si públicas como una marca, no debes olvidar resaltar la personalidad de la marca. Si no lo haces, se reducirá tu tasa de compromiso. Debes pensar en formas en las que puedas conectarte con tu audiencia. Una marca con un lado humano atraerá más a una audiencia que una voz corporativa. Tu audiencia necesita saber que están interactuando con un humano y no con un humanoide en Internet.

El éxito depende únicamente del número de seguidores

Uno de los parámetros que puedes usar para medir tu éxito es la cantidad de seguidores que tienes. Sin embargo, no es el único parámetro que mide tu éxito. De hecho, la calidad del compromiso que tienes importa más que el número de seguidores. Las personas tienden a juzgar precipitadamente tu presencia en las redes sociales basándose únicamente en el número de seguidores que tienen. El compromiso que tienes con tus seguidores es más importante. Si desea aumentar tu presencia en las redes sociales, hay ciertas cosas que debe tener en cuenta. Por ejemplo, ¿qué tan bien conoces a tu audiencia? ¿Cuáles son los temas que atraerán a tu audiencia? ¿Cómo puedes convertirte en el recurso de referencia en tu nicho? Cuando crees contenido, asegúrate de que la audiencia te encuentre relevante y útil. La calidad del contenido te ayudará a atraer más seguidores.

Puedes usar las redes sociales para reemplazar tu sitio web

Puedes usar las redes sociales para aumentar tu tráfico y generar mejores clientes potenciales, pero no es la única herramienta que puedes usar. No debes ignorar las redes sociales, pero no la conviertas en tu única estrategia para generar tráfico y posibles clientes. Tu objetivo final debe ser construir tu negocio en una plataforma determinada. No necesitas un sitio web elegante, pero necesitas un sitio web. Punto. Puedes tener un sitio web o blog simple y fácil de usar que puede actuar como una página de destino. Debes alentar a tus visitantes o seguidores y redirigirlos a tu sitio web o blog.

Las redes sociales no son una herramienta independiente y no se deben usar como una. Medios de comunicación social funcionan bien cuando se utilizan junto con otras estrategias de marketing como la comercialización de contenidos, SEO, y tal. Necesitas crear una estrategia integrada que use diferentes activos, lo que aumentará tu presencia en línea.

Mucha gente cree que no puede medir su ROI en las redes sociales. Existen diferentes herramientas, como Google Analytics, que te ayudan a identificar tu tasa de conversión y el tráfico de búsqueda orgánico que tienes. Puede usar estas métricas no solo para calcular tu ROI, sino también para medir la efectividad de tu estrategia de marketing.

Capítulo Bonus: "Publicidad en Facebook"

Los siguientes dos capitos son un pequeño regalo de otro libro llamado "Publicidad en Facebook" espero y les guste.

Capítulo Cinco: Publicidad en Facebook

La psicología de los anuncios de Facebook depende de cuán efectivo sea el anuncio. Hay diferentes formas en que la psicología puede desempeñar un papel en un anuncio de FB. Usa caras para captar la atención de la audiencia y hacer que los anuncios sean personalizados. Las emociones siempre ganan sobre la racionalidad. Las caras muestran expresiones y las expresiones atraen a los humanos en general. Las emociones positivas conducen a una mejor respuesta a un anuncio. Los colores brillantes siempre llaman la atención del espectador, así que usa colores brillantes en el anuncio. Los anuncios que promueven la disonancia cognitiva atraen a una audiencia y también lo hace la exclusividad. Aprenderás sobre todo esto y mucho más en esta sección sobre cómo crear y optimizar anuncios de FB.

Facebook tiende a ofrecer varias opciones de publicidad, además de tener que promocionar una única publicación. Tienes la oportunidad de seleccionar el tipo de anuncio basado en varios objetivos. Como se mencionó anteriormente, uno de estos objetivos puede ser impulsar o promover un puesto en particular. Existen diferentes opciones que incluyen la promoción de tu página, dirigir a otros a tu sitio web, aumentar la tasa de conversiones y también conseguir que los usuarios reclamen cualquier oferta que hayas proporcionado. Una vez que hayas seleccionado el objetivo de tu campaña, podrás seleccionar tus opciones de orientación, opciones de presupuesto y la creatividad que deseas para tu anuncio. La selección del objetivo para tu campaña puede ayudarte a alcanzar tu objetivo publicitario. Existen tres opciones de ubicación disponibles para ti, y estas son tu fuente de noticias de escritorio, fuente de noticias móvil y la columna de la derecha. La opción predeterminada es que todas estas opciones serán seleccionadas. Para evitar que tu anuncio se muestre en cualquiera o en todas estas ubicaciones, simplemente debes hacer clic en la opción "eliminar" que se encuentra junto al nombre de la ubicación.

De hecho, es bastante fácil gastar mucho tiempo y dinero en tus anuncios de Facebook sin poder alcanzar los objetivos que te has fijado. Los anuncios son una forma efectiva de obtener tráfico, me gusta y conversiones; sin embargo, hay ciertas prácticas que son bastante efectivas y te ayudarán a lograr tus objetivos de una manera relativamente más fácil.

Creando y optimizando anuncios

En esta sección, conocerás los diferentes pasos que debe seguir para crear y optimizar los anuncios de Facebook.

EDITOR APROPIADO

Hay dos herramientas diferentes que ofrece Facebook para crear anuncios, y son Ads Manager y Power Editor. Cuando intentes decidir entre estos dos, debe considerar el tamaño de tu marca o tu negocio y la cantidad de anuncios que deseas publicar de una sola vez. El Administrador de anuncios se adapta a las necesidades de la mayoría de las empresas, pero Power Editor es una buena opción para los grandes anunciantes que desean tener un control preciso sobre varias campañas.

OBJETIVO

Al igual que otras redes de medios sociales, el administrador de anuncios de Facebook ayuda a diseñar una campaña pero, para eso, debe tener un objetivo en mente. Antes de comenzar a diseñar una campaña, el administrador de anuncios te pedirá que selecciones el objetivo de la campaña. Hay diez objetivos diferentes que puedes elegir. La lista de objetivos incluye el compromiso de la publicación de la página, las conversiones de sitios web, las respuestas a eventos, el clic en el sitio web, las reclamaciones de oferta, las instalaciones de aplicaciones, los me gusta de página, el compromiso de aplicaciones, las vistas de video y el conocimiento local. Cuando seleccionas un objetivo, le das a Facebook una mejor idea de lo que deseas para que pueda ayudarte a crear un anuncio que se adapte a tus necesidades.

Si tu objetivo es aumentar el tráfico a tu sitio web, selecciona esta opción en la lista de objetivos. Una vez que hagas esto, Facebook te pedirá que escribas la URL que deseas promover. Si planeas utilizar cualquier software de marketing automatizado, debe asegurarte que estás utilizando una URL de seguimiento distintiva que tiene factores UTM para rastrear el tráfico y las conversiones.

Mark Hollister & Susan Smith
SELECCIONA TU AUDIENCIA

Si esta es la primera vez que utilizas anuncios en Facebook, entonces es posible que debas probar un par de alternativas de orientación diferentes hasta que encuentres una que llegue a tu público objetivo. Hay diferentes criterios de orientación que puedes utilizar. Si no estás seguro de si necesitas seleccionar una audiencia específica o amplia, entonces debes considerar tu objetivo para decidir. Si deseas impulsar el tráfico, entonces necesitas concentrarte en el tipo de personas que estarán interesadas en lo que ofreces. Si deseas crear conciencia sobre tu marca o negocio, entonces tiene sentido crear un anuncio que atraiga a una audiencia general. Los diferentes factores que debes tener en cuenta cuando deseas crear un anuncio es ubicación, edad, sexo, idioma, relación, trabajo, finanzas, etnicidad, eventos de la vida, educación, intereses, comportamiento y conexiones. También tienes la opción de seleccionar una audiencia personalizada. Cuando optas por una audiencia personalizada, puedes dirigirte a personas de la lista de contactos de tu empresa, a quienes visitan el sitio web o a los usuarios de tu aplicación. Una vez que encuentres un grupo que responda favorablemente al anuncio, deberás guardar el grupo de audiencia seleccionado para su uso posterior.

PRESUPUESTO

Facebook ofrece dos tipos de presupuestos para un anuncio, y son un presupuesto diario y un presupuesto de por vida. Si deseas que el anuncio se publique continuamente a lo largo del día, debe optar por el presupuesto diario. Cuando uses esta opción, Facebook calculará el ritmo de tus gastos cada día. El presupuesto mínimo que puedes establecer es de 1 USD por día, y debe ser al menos el doble de tu CPC. Si deseas ejecutar el anuncio durante un período específico, debes seleccionar la opción de duración. Esto significa que Facebook acelerará tu presupuesto para un período en el que desees que se publique el anuncio. Hay un par de opciones avanzadas que puedes usar para especificar tu presupuesto.

Necesitas decidir el horario para el anuncio. Por ejemplo, ¿deseas que el anuncio se publique inmediatamente o deseas personalizar la duración de la campaña? Incluso puedes personalizar el anuncio para que se ejecute solo durante horas específicas del día o días.

Debes seleccionar si deseas ofertar por objetivo, clics e impresiones o no. Esta decisión modificará la forma en que se mostrará el anuncio. Cuando hagas esto, pagarás por un anuncio específico que se mostrará a las personas dentro de tu público objetivo que tienen más probabilidades de tomar la acción deseada. Cuando uses los anuncios de Facebook, Facebook controlará tu oferta máxima. Opta por hacer una oferta manual cuando no quieres que Facebook haga una oferta por ti. Esta opción te dará un control completo sobre la cantidad que deseas gastar por acción que se haya completado. También es necesario seleccionar la opción de entrega. Las dos opciones de entrega que debes elegir son entregas estándar y aceleradas. Si optas por la entrega estándar, tu anuncio se mostrará a lo largo del día y, con la entrega acelerada, puedes llegar a tu público objetivo rápidamente si es un anuncio sensible al tiempo. La opción de entrega acelerada requiere un precio de oferta manual.

CREAR EL ANUNCIO

¿Cómo quieres que se vea el anuncio final? La respuesta a esta pregunta depende de tu objetivo. Si deseas dirigir el tráfico a tu sitio web, entonces el administrador de anuncios te recomendará la opción de publicidad "Haga clic para ir al sitio web". Esta opción se divide en dos formatos que son enlaces y carruseles. Esto significa que puedes mostrar un anuncio de una sola imagen con enlaces o un anuncio de múltiples imágenes con carrusel. Después de elegir el formato del anuncio, carga tus recursos creativos. Es fundamental tener en cuenta que hay ciertas especificaciones que debes cumplir cuando subes tus activos creativos. Por ejemplo, para un anuncio de una sola imagen, el texto que utilizas debe tener un máximo de 90 caracteres, el título del enlace de 25 caracteres, la relación de imagen es de 1.9:1 y el tamaño de la imagen debe ser de 1200 píxeles x 627 píxeles. Si deseas que las imágenes aparezcan en el suministro de noticias, entonces el ancho de imagen sugerido debe ser de al menos 600 píxeles.

Si deseas optar por un anuncio de Carrusel, entonces el tamaño de imagen recomendado debe ser 600 X 600 píxeles, la relación de imagen debe ser 1: 1, el texto no puede exceder los 90 caracteres, el título debe estar dentro de los 40 caracteres, la descripción del enlace debe tener 20 caracteres y las imágenes que utilices no pueden incluir más del 20% del texto.

INFORME

Una vez que el anuncio está en funcionamiento, tu trabajo no termina ahí. Es necesario mantener un ojo en el rendimiento del anuncio. Puedes utilizar el software de marketing o el administrador de anuncios de Facebook para ver los resultados del rendimiento. Si decides utilizar el administrador de anuncios de Facebook, el sofisticado panel de control que proporciona te ayudará a brindarte una descripción general de la campaña publicitaria. El tablero de instrumentos se enfoca en una estimación de los costos en que incurras por día; está organizado en columnas que facilitan el filtrado a través de los anuncios para que puedas crear una vista personalizada de los resultados. Las métricas clave que debes tener en cuenta incluyen el rendimiento, el compromiso, los videos, el sitio web, las aplicaciones, los eventos, los clics y la configuración. Las diferentes herramientas de publicidad de Facebook que puedes utilizar incluyen el administrador de anuncios de Facebook, la aplicación de administrador de anuncios de Facebook, Hootsuite Ads, Qwaya, AdEspresso, AdSpring, PerfectAudience, AdRoll y Driftrock.

USAR SIEMPRE LA FOCALIZACIÓN DE AUDIENCIA

Hacer publicidad a la audiencia general sin ningún tipo de focalización es un trabajo tedioso y te estás preparando para el fracaso. No solo eso, también será una pérdida de tiempo y dinero. Impulsar una publicación desde tu página puede ser bastante efectivo a veces; Sin embargo, tomarse el tiempo para promocionar una publicación en tu administrador de anuncios puede ser bastante efectivo y te ayudará a alcanzar tus objetivos con bastante rapidez. Hay muchas opciones de focalización, y una cosa que debes probar es la opción de dirigirte a la audiencia de acuerdo con su comportamiento.

COLOCACIÓN DE CONTENIDO

Es probable que la mayoría de los usuarios solo miren el contenido que colocas al comienzo de tu anuncio. Por esta razón, es muy importante que el contenido que consideras importante deba ubicarse justo al comienzo de tu anuncio. Puede ser un enlace o una llamada a la acción.

ROTANDO EL ANUNCIO

Si estás haciendo uso de una focalización específica para tu anuncio, tendrás que mantener la publicidad dirigida a un público pequeño una y otra vez. Esto significará que tendrá que cambiar la imagen utilizada para tu anuncio después de cada semana o dos. Hacer uso del mismo contenido repetidamente cansará a tus clientes y reducirá las posibilidades de que tu anuncio sea notado. Es muy probable que tu público objetivo simplemente se salte tu anuncio. Puedes utilizar conversiones de píxeles para realizar un seguimiento de la efectividad de tus anuncios. Si estás interesado en comprar varios anuncios, entonces debes usar píxeles de conversión para descubrir aquellos anuncios que te ayudarán a alcanzar tus objetivos. Puedes seleccionar de un rango de tipos de conversión mientras creas tu píxel; Esto incluirá avisos de salida, registros, vistas de página generadas, clientes potenciales, etc. Más información sobre esto se puede encontrar en la página de Ayuda en Facebook.

Usar una llamada a la acción fuerte: siempre debes informar a los usuarios qué es lo que deseas que hagan. No siempre tienes que ser dirigente. En lugar de decirles que deben hacer algo, diles por qué necesitan hacer esto. Esta estrategia es más convincente.

UTILIZA DIFERENTES ANUNCIOS PARA DIFERENTES UBICACIONES

Facebook te permite usar las mismas imágenes y copiar para diferentes anuncios. Es muy importante que los anuncios creados se hayan creado teniendo en cuenta las diferentes plataformas. Los anuncios que se muestran en el suministro de noticias en un teléfono, escritorio y la columna derecha del escritorio son bastante diferentes, y estas diferencias deben tenerse en cuenta.

Facebook es una plataforma brillante no solo para encontrar a tu público objetivo, sino también para interactuar con ellos. Cuando se utiliza de forma adecuada, puede ayudarte a aumentar el flujo de tráfico, tu visibilidad y la tasa de conversiones.

PRUEBA DIVIDIDA

La prueba dividida ayuda a medir la efectividad de un anuncio y puede descubrir qué anuncio, imagen o formato ayuda a obtener mejores resultados. Las pruebas de división proporcionan resultados basados en estadísticas.

Si deseas realizar una prueba de división de una creatividad publicitaria de Facebook, debes seleccionar la opción Prueba de división en el nivel de la campaña cuando selecciones tu objetivo para la campaña publicitaria. Los únicos dos objetivos o las pruebas divididas que aún no están disponibles son el reconocimiento de la marca y las visitas a la tienda. La función de prueba dividida te permite probar la audiencia, la ubicación y la optimización de las ofertas.

Desde el panel del administrador de anuncios, haz clic en la opción 'crear'. Puedes usar la Creación Guiada en lugar del flujo de Creación Rápida, si estás utilizando la prueba dividida por primera vez.

Tomemos un ejemplo para entender cómo funcionan las pruebas divididas. Por ejemplo, tienes dos formatos de anuncios y no está seguro de cuál elegir. Entonces necesitas usar la prueba dividida. El objetivo que deseas probar es Tráfico para dirigirte a todos aquellos que han visto el contenido y necesitan ser dirigidos al sitio web en cuestión. Debes verificar el objetivo de la lista que figura en la casilla de verificación de prueba dividida.

Una vez que seleccionas el objetivo, ve al nivel de conjunto de anuncios y en la sección Variable haga clic en Creatividad. Te permite crear dos opciones de anuncios: A y B. Puedes agregar hasta 5 anuncios diferentes a la vez si seleccionas Probar otro anuncio.

Seleccione tu audiencia, ubicación, optimización de ofertas, programación y presupuesto de prueba del resto del conjunto de anuncios.

En el ejemplo anterior, la idea era apuntar a todos aquellos que vieron el contenido del video. Por lo tanto, en la sección de audiencia, debes seleccionar Audiencias personalizadas de video. Alternativamente, también puedes optar por el compromiso de página o el tráfico del sitio web. Si no tienes una audiencia personalizada disponible, selecciona 'Audiencia guardada' y 'Audiencia de aspecto similar'.

Los siguientes parámetros que debes seleccionar son las configuraciones de ubicación, entrega y optimización. Puedes optar por la opción de ubicación automática predeterminada y optimizar para clics de enlace (la otra alternativa es optimizar para las vistas de página de destino).

Después de esto, debes seleccionar el presupuesto y el calendario de pruebas. Puedes ejecutar la prueba desde 3 a 14 días. Una vez que completes la sección Conjunto de anuncios, haz clic en Continuar para ir al nivel de anuncio.

Ahora, necesitas crear todas las variaciones de anuncios que deseas probar. Por ejemplo, si desea probar la efectividad de un anuncio de carrusel y un anuncio de una sola imagen, debe nombrar el anuncio A como anuncio de carrusel. Luego debes seleccionar la página de Facebook en la sección Identificar.

A continuación, debes seleccionar el formato de carrusel y completar el anuncio. Significa que necesita imágenes de anuncios, titulares y enlaces, así como descripciones.

Una vez que haya creado el Anuncio A, es hora de pasar al Anuncio B. Para hacer esto, haz clic en Continuar con el Anuncio B. Facebook completará automáticamente los detalles de acuerdo con el Anuncio A. Necesita cambiar un par de detalles para ejecutar la prueba. En la instancia dada, necesitas cambiar el formato del anuncio.

Dado que el anuncio A es un anuncio de carrusel, el anuncio B será un anuncio de imagen única. Entonces, seleccionas la opción Imagen única de la sección de formato de anuncio y luego agrega la imagen que utilizaste en tu primer carrusel. Agrega el texto, el enlace, el CTA (si corresponde) y todos los detalles que agregues aquí deben coincidir con una tarjeta del anuncio de carrusel que creaste.

Una vez que hagas esto, haz clic en Confirmar y podrás revisar la campaña. Ahora, puedes dividir con éxito la prueba de tu anuncio.

Puedes utilizar la opción de prueba dividida creativa para comparar dos formatos de anuncios. Aparte de esto, también puedes usarlo para probar variaciones de copia de anuncios, titulares, botones de llamada a la acción, imágenes, anuncios de carrusel basados en imágenes con anuncios de carrusel basados en video y anuncios de video contra otros anuncios de video.

La opción de prueba dividida te permite probar diferentes variables creativas para aprovechar al máximo tus anuncios de FB.

Capitulo Bonus

Capítulo Diez: Publicando Contenido de Calidad

Evalúa Todo

Solo hay una forma de determinar si tus esfuerzos están funcionando de manera efectiva, y es evaluando todos los datos. Algunas plataformas de medios sociales tienen herramientas integradas para ayudarte a hacer esto, hay muchas opciones de terceros para herramientas analíticas. Use esto para ver cuál obtiene mayor respuesta en términos del contenido que está compartiendo o promoviendo, lo que es más importante, porque no estás obteniendo el nivel de respuesta que necesitas. De esta manera, puedes decidir qué abandonar y qué seguir haciendo.

Asegúrate de Publicar En el Momento Adecuado

No es solo lo que estás publicando lo que tiene un efecto en el número de personas que lo ven, ni la cantidad que interactúa con él y lo comparte. Es el momento de tus publicaciones, esto es vital: la mayoría de las empresas B2B tienden a mantener la publicación durante las horas normales de trabajo, pero incluso en algunos días obtendrán una respuesta mucho mayor que otras. Haz tu tarea: aprende cuándo es probable que tu público objetivo esté en línea y programa tus publicaciones para que se publiquen cuando estén en línea.

Establece Tus Conexiones

Uno de los errores más comunes que cometen los mercados de redes sociales es hablar con su audiencia, en lugar de comunicarse con ellos. Comunícate con tus seguidores, participa con ellos e interactúa. Quieren saber que eres humano, no solo una computadora que produce respuestas automáticas. Pídeles que compartan sus opiniones y asegúrate de responder a sus comentarios a tiempo. Si te envían mensajes, comunícate con ellos de inmediato; ignorar a los clientes potenciales simplemente los alejara.

Apuesta Por lo Visual

Los grandes bloques de texto disuaden a las personas, pero se detienen y toman nota de las imágenes. Las fotos, los videos y las infografías contienen información que las personas tienden a asimilar más fácilmente. Asegúrate de que tu contenido visual sea sólido, atractivo y relevante para tu negocio.

Haz Que Cada Una De Tus Plataformas Sean Únicas

Hay muchas herramientas que te permiten compartir contenido en varias plataformas, pero, si bien esto puede funcionar para información que es muy importante, hacerlo para cada pieza simplemente hará que todas tus plataformas sean idénticas. Es probable que las personas que te siguen en una plataforma te sigan en todas, y no quieran ver contenido idéntico; eso asegurará que solo te sigan en una. Haz que cada una de sus cuentas sea única, y eso atraerá a más personas y obtendrás más seguidores y más clientes potenciales.

Haz Que Seguirte Valga La Pena Para Las Personas

Cuando alguien te sigue en una cuenta de redes sociales, quiere sentir algún tipo de aprecio por eso. Ofrece recompensas por suscribirse o seguirte, tal vez un pequeño descuento en un producto o entradas a un sorteo. La gente necesita un incentivo para unirse a ti, y los mantendrás comprometidos e interesados si obtienen algo de ello.

Sé Una Persona "Realista"

Si bien las redes sociales pueden ser una forma más relajada de promocionar tu negocio, aún necesitas mantener un aire de profesionalismo. Sí, ofreces algunos detalles personales que le den a tu negocio una cara humana, como un cumpleaños, algunas bromas aquí y allá, pero nunca comiences a compartir tus opiniones personales sobre las cosas en tu página de negocios. Si empiezas a ponerte furioso por la política o a menospreciar a la última celebridad, puedes comenzar a alejar a tus seguidores.

Planifica Anuncios Por Secuencia

Antes de lanzar un anuncio de carrusel de Facebook, necesitas un plan y una estrategia para tu campaña publicitaria. Una vez que decidas el mensaje, la imagen y la estrategia que deseas utilizar, crear el anuncio es bastante fácil. Debes pensar en tu público objetivo, la acción que deseas que realicen y el contenido que persuadirá a tu público objetivo de realizarla. Debes hacer una lista de tus clientes y sus intereses, incluir enlaces rastreables a tu sitio web e incluir videos o imágenes de alta calidad que sean coherentes con tu mensaje.

Antes de comenzar, debes verificar el tamaño recomendado de las imágenes y otra información proporcionada en la página Guía de anuncios de Facebook. Puedes mirar diferentes formatos de anuncios de carrusel para inspirarte. A continuación, puedes crear una maqueta de la misma en el Creative Hub.

Para crear un anuncio de carrusel para su página, siga los siguientes pasos.

Haga clic en el botón Promocionar en la página ☐ Obtenga más visitantes en su sitio web.

En la sección Creatividad publicitaria presente en la parte superior derecha de la página, haga clic en Editar.

Ingrese la URL deseada a la que quiere que se dirija las personas cuando hagan clic en el anuncio.

Si desea que cada tarjeta de carrusel envíe al visitante a una URL diferente, puede editar el anuncio en el Administrador de anuncios.

Una vez que haga esto, agregue el texto para su anuncio.

Haga clic en el signo +, en la sección Imágenes para agregar tarjetas de carrusel.

Haga clic en el número de la tarjeta a la que desea agregar una imagen en particular.

Luego haga clic en Cargar imagen: para agregar una imagen de su computadora o puede hacer clic en Seleccionar imagen para cargar una imagen de la biblioteca que usó anteriormente.

Haga clic en Reposicionar imagen, si desea recortar la imagen.

Es necesario agregar un título para cada tarjeta en el carrusel.

Haga clic en la sección Publicidad creativa y haga clic en Guardar cuando desee guardar los cambios en el carrusel.

Luego, debe completar la información necesaria sobre la audiencia, el presupuesto y la duración en la sección de pago para completar su anuncio. Luego haga clic en Promocionar.

Usa Power Editor Para Crear Anuncios Por Secuencia

Una de las ventajas más importantes de usar Power Editor para crear un anuncio de carrusel es que puedes agregar más texto en los anuncios. En el Administrador de anuncios, puedes usar 25 caracteres para los titulares y aproximadamente 90 caracteres para cualquier texto. Si usas Power Editor, puede agregar mucho más.

Una vez que inicies tu campaña y nombres los anuncios publicitarios, puedes configurar el anuncio en Power Editor. Notarás que no hay limitaciones sobre el texto.

Puedes contarle a la audiencia la historia completa sobre el tema con Power Editor.

También puedes personalizar el área de visualización del URL. Puedes usar este espacio adicional para agregar texto adicional sobre el producto o proporcionarles información sobre las ofertas. Esta característica es útil cuando la URL es larga y voluminosa. Por ejemplo, puedes usar el seguimiento adicional en la URL del sitio web y para asegurarte de que la gente sepa a dónde se dirige, agrega la dirección real del sitio web en el cuadro Mostrar URL.

Si deseas reforzar tu llamada de atención, puedes usar el área Mostrar URL para resaltar la opción del registro.

En Power Editor, tienes la opción de etiquetar otras páginas en el texto del anuncio. Ayuda a que el anuncio se vea como una publicación regular y también aumenta su visibilidad. Siempre que etiquetes otras páginas, asegúrate de que las etiquetas sean relevantes. Para etiquetar otra página u otras personas en el anuncio, debe escribir @ seguido del nombre de la página o de la persona en el cuadro de Texto y seleccionar el nombre relevante del menú desplegable. Si estás utilizando contenido orgánico para el anuncio, el etiquetado aumenta la visibilidad.

Hay dos tipos de anuncios disponibles en Power Editor y son anuncios de productos y anuncios de carrusel.

Los anuncios de carrusel configurados en Power Editor pueden mostrar hasta cinco productos. No solo debes seleccionar las imágenes que se mostrarán en el anuncio, sino que también puedes agregar el enlace a un sitio web único para cada uno de los productos. Además, cada anuncio en el carrusel tiene una descripción y un título propio.

Para un anuncio de carrusel, el tamaño de la imagen debe ser de 600x600 píxeles. Una vez que realices todos los cambios necesarios en el anuncio, tu anuncio estará listo para ser mostrado.

Ten un Manager de Redes Sociales

Puede verse como un trabajo que no es trabajo,

pero es sorprendente los resultados que puede obtener un administrador de redes sociales adecuado. No todos son expertos en las redes sociales y, si no lo eres, es mejor tener a alguien al mando que pueda conversar con otros, participar perfectamente, publicar y compartir contenido fácilmente. De esa manera, puedes continuar con tu negocio y obtener los beneficios de una campaña de marketing exitosa.

Si No Funciona, Deshazte De Él

No todo va a funcionar; No importa la cantidad de análisis que hagas, la cantidad de nuevos miembros del equipo que reclutes, habrá una plataforma que simplemente no es la adecuada para tu negocio. Si nada funciona, y no estás obteniendo ningún resultado de ello, abandónalo. Hay mejores cosas en las que puede ser utilizado tu tiempo y energía.

Establece Relaciones Con Empresas

Si hay empresas que están en el mismo tipo de

sector que tú, o en la misma industria, entable amistades y sígalos, pero solo si no son competencia directa. Es posible que puedan recomendarse clientes entre sí, compartir seguidores y buscar consejos. Puede que te sorprenda lo bien que puede salir eso, así que pruébalo, pero no seas amigo o sigas a todos indiscriminadamente, elige.

Enfrenta a los Trolls

Cuanto más éxito tenga, más atención atraerán a tus redes sociales, y eso significa el inevitable abuso de algunas personas. Si descubres que tiene enemigos en tus páginas, se profesional en tus tratos con ellos. Elige cuidadosamente cómo responder: a veces debe ser una respuesta cortés, otras veces, es mejor ignorarlos y, en algunos casos, tendrás que bloquearlos. No bloquee a alguien solo porque no les gusta tu compañía; ese no es un buen sentido comercial, y no envía un buen mensaje.

No Lo Uses Para Presionar Demasiado

Facebook se percibe como un dominio donde las personas pueden participar en alguna actividad social, chatear con sus amigos, ver fotos y videos publicados por otros y simplemente relajarse. Tendrás que participar en una conversación y formar parte de una comunidad, en lugar de ser el "forastero" que intenta vender de forma bastante agresiva. Hay ciertas tácticas de marketing forzado que debes evitar. Estos incluyen el uso de eslóganes publicitarios, publicar una y otra vez sobre un producto o servicio en particular, o proporcionar información adicional sobre un producto o servicio que no estén relacionados con ninguna conversación. Tus seguidores podrían dejar de seguirte. ¿Qué es peor? Incluso puedes atraer muchos comentarios negativos sobre tu negocio.

Siempre Ten Un Objetivo Claro

Es muy importante tener un objetivo claro en

tu mente mientras usas Facebook y una estrategia bien definida para lograr ese objetivo. Por ejemplo, una cafetería podría simplemente decidir que su objetivo es aumentar las ventas que se generaron a través de Facebook en un 10% durante un período de seis meses, y luego su estrategia puede incluir lo siguiente:

- Pueden crear una publicación diaria que presentará un "especial" particular del día haciendo uso de un código de cupón para que la venta particular pueda ser rastreada en Facebook.

- Pueden publicar una foto que muestre a un cliente con una taza de café de su cafetería.

- También pueden animar a los usuarios a comenzar a publicar sus propias fotos (quizás mientras están sentados en la cafetería en cuestión o con un poco de café) para lograr una mayor participación.

- Establecer un objetivo, así como una estrategia, lo ayudará a brindarle orientación y alcanzar el éxito que deseaba.

Creando Un Lado Humano

En general, un usuario en Facebook querrá comunicarse con otras personas y no participar en una conversación con un negocio impersonal. Quien sea responsable de administrar la página de Facebook para tu negocio o una marca debe ser capaz de escribir y desarrollar contenido que le dé un "sentimiento" humano a la página, y que sea más agradable y acogedor. No hagas que las cosas suenen demasiado formales o rígidas.

Publicar Regularmente

A diferencia de otras formas de medios como la televisión, las revistas, los periódicos, etc., las redes sociales le ofrecen la opción de incluir actualizaciones periódicas. La mayoría de los usuarios de Facebook tienden a revisar sus páginas al menos una vez al día, y necesitarán ver que tu empresa está publicando contenido nuevo. Dependiendo de la manera en que tu audiencia esté recibiendo la información que estás publicando, puedes decidir cuándo y cuánto publicar.

Incentivando los Comentarios

Debes alentar a los usuarios de Facebook a responder a tus publicaciones y a comentarlas sobre tu negocio o un tema que les interese. Cuando un usuario publica algo, asegúrate de que su mensaje sea respondido dentro de las próximas 24 horas. La falta de respuesta puede percibirse como una falta de interés de tu parte, y si no respondes, los usuarios podrían dejar de seguirte.

Usa Imágenes y Videos

Uno de los elementos más atractivos de Facebook es el hecho de que permite a los usuarios publicar fotos y videos. Esto ayuda a mantener a tu audiencia involucrada y entretenida. Por ejemplo, una cadena de ropa puede publicar imágenes del nuevo stock tan pronto como llegue, o un entrenador personal puede publicar un video instructivo que ofrezca instrucciones sobre cómo se debe y no se debe hacer un ejercicio en particular, y así sucesivamente. Trate de ser lo más interactivo posible, e involucra a tu audiencia organizando diferentes concursos, realizando encuestas, creando ofertas, etc. Se supone que Facebook es divertido, así que no olvides incluir el elemento "diversión" en tus estrategias de marketing. Dos de las razones más populares por las que un usuario sigue una página de negocios en Facebook son descuentos y obsequios. Se pueden utilizar los concursos y los juegos para hacer que tu página sea emocionante. Facebook puede ser utilizado para realizar encuestas de clientes. Si deseas realizar una encuesta, mantenga preguntas simples y cortas.

Mark Hollister & Susan Smith
Alimentando la Relación

Lleva un tiempo establecer una buena relación con otros usuarios de Facebook, por lo que tendrás que ser paciente. Debes participar en conversaciones, proporcionar contenido significativo y desarrollar recompensas para retener a tus seguidores existentes y atraer nuevos clientes.

No Olvides Usar Facebook Insights

Facebook Insights puede ayudarte a comprender mejor a todos lo que les gusta de tu página y elegir seguirla. Una vez que estés al tanto de las características de quienes te siguen, puedes adaptar tus publicaciones para satisfacer sus necesidades y mantenerlos interesadas. Por ejemplo, si una librería atiende a clientes de todas las edades, pero la mayoría de los seguidores tienen entre 18 y 25 años, en ese caso, las ofertas que ofrecen en Facebook deben diseñarse de acuerdo al tipo de audiencia que tienen, mientras que las ofertas que ofrecen en la tienda deben ser más diversas.

El Patrón de Participación De Tus Seguidores

Asegúrate de estar publicando activamente en Facebook de acuerdo con el patrón de compromiso de tus seguidores. Cuando parece que es más probable que participen, es cuando necesitas publicar. Esto tomará un tiempo para que puedas hacerlo bien, usa tu tiempo para resolverlo. Puede que no suene importante, pero ciertamente lo es. Comprenderás esto cuando tus seguidores crezcan y aumenten los "me gusta" en tus publicaciones.

Los Tags son Importantes

Las etiquetas son muy importantes. Sí, hay ciertas personas que claramente se han excedido con el etiquetado; Sin embargo, las etiquetas ayudan a los usuarios a descubrir tu contenido. Sea juicioso en el uso de etiquetas.

No te Olvides de Las Personas Que Comentan

Siempre recuerda responder a cualquier comentario directo, opiniones y preguntas. Hazles saber a tus seguidores que sus opiniones son importantes y que alguien les está prestando atención. Esto ayuda a dar un toque humano a tu página de Facebook.

Asegúrate De Que El Perfil De Tu Empresa Está Completo

En tu perfil, tienes suficiente espacio para dar a tus seguidores información sobre ti. Dejar partes en blanco no hará que tus seguidores quieran seguirte; quieren saber todo sobre ti, quieren saber qué hace que valga la pena seguirte y apoyarte. Los espacios en blanco dicen que no eres interesante, y nadie se tomará el tiempo de seguir a alguien que ni siquiera puede completar su perfil.

Haz Que Tus Seguidores Quieran Ver Tus Actualizaciones

El objetivo final de cualquier plan de marketing es hacer que las personas quieran leer tu contenido. Quieres que estas personas se aferren a cada palabra que escribas y que estén ansiosas por ver la próxima entrega. Deseas que estén revisando constantemente para ver si has publicado algo, y la única forma de hacerlo es con contenido relevante, valioso y de alta calidad.

Si Compartes Algo, Coméntalo

No solo haga clic en el botón que te permite compartir algo o retuitearlo; agrega un comentario para decirle a la gente por qué crees que vale la pena compartir el contenido. Esto les ayuda a desarrollar su propia experiencia y a tu reputación de ser ese experto; eso, en sí mismo, agrega mucho valor a lo que estás compartiendo.

Revisa tu Gramática y Ortografía

Esto es importante. Eres un empresario profesional y lo peor que puedes hacer es publicar contenido mal escrito y lleno de errores ortográficos. Revisa tu trabajo, verifícalo dos veces y luego revísalo nuevamente para asegurarte de que esté escrito profesionalmente antes de publicar.

Nunca Publiques En La Hora Exacta

La mayoría de las reuniones y tareas están programadas para comenzar a primera hora, por lo que, cuando el reloj marca la hora, las personas pasan al siguiente elemento de su lista, sin mirar sus cuentas de redes sociales. Si una tarea o reunión finaliza temprano o se sobrepasa un poco, se abre una pequeña ventana para revisar esas cuentas; por lo tanto, tiene sentido publicar tu contenido justo antes o después de la hora, no a la hora puntual. De esta manera, más personas verán lo que estás publicando.

Conoce las Directrices De La Plataforma

Familiarícese con las pautas que tiene cada

plataforma y asegúrese de saber qué es y qué no es aceptable en términos de comportamiento y contenido. El sentido común debe dictar los tipos de contenido; debes verificar los términos y condiciones de las plataformas antes de publicar. Algunas, en particular, como Facebook, cambian constantemente sus directrices sobre cosas como la realización de competiciones, y su incumplimiento puede resultar en una penalización, suspensión o expulsión completa de una plataforma y eso no es lo que se desea para tu negocio.

Asegúrate De Que Tu Perfil Incluye Tu Ubicación

Las personas necesitan saber en qué se basa su empresa, incluso si su servicio o producto está basado en Internet. Si saben dónde se encuentra, pueden encontrarlo y registrarse, especialmente en Facebook. Esto es más importante si tienes una tienda física que la gente pueda visitar, no agregar tu ubicación puede hacerte perder muchos clientes potenciales.

Conclusión

El marketing en redes sociales es el camino a seguir en esta era. Te guste o no, una estrategia de marketing moderna debe incluir algún aspecto del marketing en redes sociales. Esto se debe a que la mayoría de las personas utilizan las plataformas de redes sociales para obtener información sobre los mejores productos y servicios que existen.

Además, puedes rodar un largo camino para adquirir nuevos clientes de usuarios de redes sociales potenciales. El marketing en Instagram es uno de los aspectos del marketing que más crece. Es fácil de usar y cada vez más personas se sumergen en la tendencia de usar fotos y videos para la comunicación.

Esta razón ha visto a Instagram ganar más de 1000 millones de usuarios en los últimos ocho años. Más personas definitivamente se unirán a medida que pasan los días.

Solo a través del marketing de Instagram, puedes alcanzar un mínimo de unos 5 millones de personas en un solo día. Aunque no todos se convertirán en tus clientes, desarrollará buena voluntad. Tu nombre comercial será conocido de cerca y de lejos. Es hora de cambiar las formas tradicionales de marketing. Vuélvete digital y únete a las modernas plataformas de comercialización. ¡Prueba el marketing de Instagram y verás los resultados!

Recursos

Sitios web y aplicaciones para las mejores herramientas de Instagram

A continuación hay una lista simple de recursos que podrían usarse para mejorar el uso de Instagram.

- Hyperlapse
- Desarrollar GIFs para tu cuenta de Instagram con Boomerang
- Hootsuite Enhance
- Have2HaveIt
- Hootsuite App
- Microsoft Selgie
- Pic Stitch
- Clips
- Hootsuite
- Sprout Social
- Auto Grammer

- CrowdFire
- Simply Measured
- Superimpose App
- Websta
- Vintagio
- Seekmetrics
- PLANN
- Buffer
- Font Candy
- VSCO
- Enlight
- Snapseed
- Over
- Youtube Capture
- iMovie
- Hoppe
- Facetune
- SocialDrift

INSTAGRAM MARKETING

- Grum
- Owlmetrics
- SnapFinch
- Bajanbot
- Woobox
- Linktree

www.ingramcontent.com/pod-product-compliance
Lightning Source LLC
Chambersburg PA
CBHW030013190526
45157CB00016B/2562